그래픽 노블로 읽는
서양 철학 이야기

쉽고
재미있는
인문학 ❶

그래픽 노블로 읽는

서양 철학 이야기

글·그림 인동교

시간과공간사

인문학 시리즈의 시작, 그 서막을 올리며

요즘 들어 인문학의 중요성이 대두되면서 나 역시 두 딸에게 인문학 책을 권하는 일이 많아졌다. 하지만 인문학 책은 보통 그 두께와 표지에서 오는, 어렵고 지루할 것 같은 '포스' 때문에 어른인 나 역시도 손이 가지 않는 게 사실이다. 그러니 아이들이 인문학 책에 관심을 갖는다는 건 대단한 용기가 필요한 일이 아닐까?

내 아이들이 인문학 책에 관심을 가지고 가까이했으면 하는 바람으로 내가 먼저 읽게 된 인문학 스테디셀러들은 끝까지 읽는 것만으로도 쉬운 일이 아니었지만 그 안의 흥미로운 이야기들은 아이들도 충분히 재미있게 즐길 수 있는 것들이었다.

'어떻게 하면 어렵지 않게, 그 흥미로운 이야기들을 들려줄 수 있을까?'

고민하던 중 대학 시절 공부했던 교육심리학자 브루너(Bruner)의 이론이 떠올랐다.

"아무리 어려운 내용이라도 표현 방법만 학습자의 수준에 맞춘다면 모든 학습자를 효과적으로 가르칠 수 있다."

브루너의 말대로 아이의 수준에 맞춰 쉽게 풀어 제시한다면 책의 내용에 흥미를 갖지 않을까? 그리고 그 책(원전)을 읽고 이해할 수 있는 나이가 되었을 때 조금 더 수월하게 받아들일 수 있지 않을까? 그렇게 2년의 시간 동안 인문학 책을 선정하고 내용을 요약, 정리하고, 일러스트를 그려 넣기 시작한 것이 이 책의 출발이었다.

왜 서양 철학사인가?

현대 인문학 서적들을 읽다 보면 반복적으로 거론되는 인물들(아리스토텔레스, 데카르트, 칸트 등)이 있다. 바로 서양 철학자들이다.

철학(philosophia)은 그리스어인 필로스(philos, 사랑)와 소피아(sophia, 지혜)가 결합된 말로 그 의미는 말 그대로 '지혜를 사랑하는 학문'이다. 인간이 지혜를 얻으려고 사유하고 탐구하는 학문인 철학이 바로 그 인간을 주제로 하는 인문학의 시작일 수밖에 없는 것은 어쩌면 당연한 이치이며, 현대 인문학 서적에서 그들의 이름이 빠지지 않고 등장하는 것도 그런 이유이다. 원대한 꿈을 품고 출발한 이 인문학 시리즈의 첫 책이 서양 철학사를 다루는 것은 어쩌면 당연한 일이 아닐까?

인류 정신의 역사를 담다

서양 철학자들의 삶과 철학 이론을 정리하는 일은 쉽지 않았다. 너무 어려워서 포기하고 싶은 순간도 있었지만, 혼자 고군분투하다 철학자들의 이론을 이해하게 되었을 때 느꼈던 희열은 책을 끝까지 집필하는 데 큰 원동력이 되었다. 또한 깊은 공감과 위로가 되어 준 그들의 가르침과 삶을 대하는 태도는 말할 것도 없다.

죽는 날까지 실험 정신을 발휘한 베이컨, 최악의 상황에서도 절망하지 않고 자신의 삶에 집중했던 노예 출신 철학자 에픽테토스, 혼자가 되는 외로움을 자처하면서도 자신의 주장을 펼쳤던 스피노자, 스스로가 정해 놓은 규칙 속에서 참된 자유를 느꼈던 칸트, 스스로 만들어 가는 삶의 가치를 깨우쳐 준 하이데거……. 수많은 철학자의 '생각의 역사'는 고대에서 현대에 이르기까지 '인류 정신의 역사'를 보여 주는 장편소설 같다는 생각이 들었다. 내가 이해하고 감동받은 내용이 부디 독자들에게 고스란히 전해지길.

거인의 어깨에 올라서다

『프린키피아』라는 책으로 근대 물리학의 기틀을 마련한 뉴턴은 다음과 같은 말을 했다. "내가 더 멀리 볼 수 있었던 것은 거인들의 어깨 위에 올라섰기 때문이다."

이는 앞선 과학자들(코페르니쿠스, 갈릴레오 갈릴레이, 케플러 등)의 업적이 있었고, 이를 뉴턴이 수학적으로 정리하여 『프린키피아』를 발표했기 때문에 나온 말일 것이다. 나 또한 나보다 한참 앞서 서양 철학을 연구하신 분들의 저작이 존재했기에 이 책의 탄생을 꿈꿀 수 있었으니, 뉴턴이 그러했듯 거인들의 어깨에 올라섰기에 가능했던 작업이었다. 나의 거인이 되어 준 작가 분들께 경의와 감사를 표한다.

　　아무쪼록 많은 이들이 가벼운 마음으로 이 책을 읽고 철학에 흥미를 느껴 좀 더 전문적이고 깊이 있는 책들로 나아가길 바란다.

　　끝으로 이 책을 시작할 수 있게 영감을 준 두 딸 지원, 지호와 이 책을 완성할 때까지 물심양면으로 도움을 준 아내 이유주에게 감사의 말을 전한다.

2022. 12.

인동교

:: 차례 ::

chapter 1. 아테네 시대의 철학 _ 인간에 대한 탐구

chapter 2. 헬레니즘 시대의 철학 _ 혼란의 시대

chapter 5. 현대의 철학 _ 이성의 한계, 개인의 탄생

chapter 1
아테네 시대의 철학
인간에 대한 탐구

소크라테스
B.C. 470?~B.C. 399

프로타고라스
B.C. 485?~B.C. 410?

VS

아리스토텔레스
B.C. 384~B.C. 322

플라톤
B.C. 428?~B.C. 347?

델포이

페르시아 제국

아테네

스파르타

크레타섬

그리스가 페르시아전쟁에서 승리한 후 아테네 경제는 급격히 발전했어. 시간적, 경제적 여유를 갖게 된 아테네 사람들은 생각할 시간이 많아졌고, 철학도 한층 더 발전하게 됐지. 이때 철학의 대상이 된 건 바로 인간이었어.

상대주의를 주장했던 소피스트들, 그에 반해 절대적인 진리를 찾아 헤맸던 '철학 삼대장', 소크라테스, 플라톤, 아리스토텔레스의 이야기를 들어 보자.

프로타고라스

B.C. 485?~B.C. 410?

1. 소피스트는 어떤 사람들이야?

삶에 여유가 생긴 아테네에서는 직접 민주주의가 발달하기 시작했어.
사람들은 다양한 장소에서 토론과 논쟁을 즐겼고, 남들보다 더 잘 토론하고
논쟁하는 사람들이 성공하는 시대였지.

여러분!
민주주의란
어쩌고저쩌고~

와~ 부럽다....

그래서 사람들은 논쟁의 기술을 배우고 싶어 했어.

나도 아까 그 사람처럼
말 좀 잘하고 싶다....

바로 이 시기에 지금의 사설 학원처럼 돈을 받고 논쟁의 기술을 가르치는
소피스트들이 등장한 거야. 그중 단연 '1타 강사'라고 불린
프로타고라스에게서 소피스트들의 철학을 알아보자.

그래!
바로 이거야!!!

프로타고라스는 이런 말을 해.

인간은 만물의 척도다.

여기서 '척도'는 '판단이나 평가의 기준'이라는 뜻이야.
즉, 인간이 세상을 판단하는 기준이라는 말이지.
예를 들면, 힘들게 이사한 후에 짜장면을 먹는 사람이
있는가 하면, 빵을 좋아해서 빵을 먹는 사람도 있겠지?

이사한 뒤에는
짜장면이
진리거늘, 쯧쯧….

면보다
빵이 제 취향이라
빵을 먹겠습니다.

사람들의 생각과 취향은
제각각이기 때문에 절대적인 진리는
존재할 수 없다는 게
소피스트들의 주장이었지.
소피스트들은 이렇듯 개인의 취향과
다양성을 인정하는
상대주의자라고 할 수 있어.

프로타고라스는 이런 말도 했어.

모든 의견이 참이다.

사람마다 생각하고 느끼는 것이 다르기 때문에
각자의 의견을 존중해야 한다는 거야.
그런데 모두의 의견이 참이라고 했으니, 사람들 모두가
자기 의견이 맞다고 주장할 거 아니야?

그러니까 내 말은,
소피스트들은 죄다
궤변론자라는 거야.

아니, 아니~
나는 그렇게 생각 안 해.
왜냐하면….

이때 중요한 게 바로 '말빨'(표준어는 '말발'이지만)이야. 말솜씨가 좋아야 상대방을 더 잘 설득할 수 있지 않겠어? 이런 이유로 논쟁의 기술이 중요해진 거야.

2. 소피스트들은 정말 궤변론자였어?

프로타고라스에 관한 자료 대부분은 플라톤이 썼어. 그러다 보니 플라톤의 시각이 많이 반영됐지. 스승이었던 소크라테스에 반대되는 주장을 펼쳤던 소피스트들을 플라톤이 좋게 생각했을 리 없잖아?

3. 소피스트들의 철학이 남긴 게 뭐야?

소피스트 철학의 역사적 의미는 다음과 같아.

첫째, 자연에 쏠려 있던 철학의 주제를 인간으로 향하게 했지.

둘째, 논쟁의 기술 훈련이 수사학과 언어학의 발전으로
이어질 수 있었지.

소크라테스

B.C. 470?~B.C. 399

1. 소크라테스는 어떤 사람이야?

그리스 아테네에서 태어난 소크라테스에게는 조각가인 아버지와
산파인 어머니가 계셨어.

못생긴 외모로 유명(!)했던 소크라테스는 가족들은 뒷전이고
오로지 철학에만 몰두했다고 해.

철학에만 몰두했던 소크라테스 덕에 그의 아내 크산티페는
유명한 악처로 이름을 남겼지.

2. 소크라테스의 철학은 뭐야?

소크라테스 철학의 기본은 '덕과 앎은 하나'라는 거야. 쉽게 말하면, '무엇이 옳은지 제대로 아는 사람은 옳은 행동을 할 수 있다'는 거지. 그렇기 때문에 '무엇'을 정확히 아는 게 먼저고, 중요하다고 주장하는 거야.

3. '정확히 안다'는 건 뭐야?

무지(無知)의 지(知)

소크라테스의 나이 40세에 그의 친구 카이레폰이 델포이 신전을 찾아가 여사제에게 물었어.

카이레폰은 이 기쁜 소식을 소크라테스에게 전했지.

소크라테스는 카이레폰의 말을 믿지 못했어. 자신이 그 정도는 아니라고 생각했거든.
그래서 소크라테스는 그 당시 현명하다는 철학자들을 만나 질문을 던지기 시작했어.

그때 비로소 소크라테스는 깨닫게 되었지.

저 사람들도 나와 다를
바가 없구나. 적어도 나는
내가 잘 모른다는 사실을
알고 있으니 언제라도
더 배울 수 있지만,
저들은 자신이 모른다는

사실조차 모르고,
모든 걸 알고 있다고
착각하며 배울 수 있는
기회를 놓치는구나!
이로써 내가 승자인가?
ㅎㅎㅎ

이 이야기에서 알 수 있듯이, 내가 모르고 있다는 사실을 겸손하게 인정하고 더 배우려는 자세가 앎의 시작이라는 거야. 어려운 문제를 풀 때의 너를 생각해 봐. 모른다고 인정하고 질문하는 순간, 앎이 시작되는 거지.

4. 정확히 알 수 있는 방법은 뭐야?

대화법(산파술)

산파였던 소크라테스의 어머니가 아기를 잘 낳도록 도와주었듯이, 소크라테스도 질문과 대답으로 사람들이 더욱 깊은 생각을 할 수 있게 도와줄 수 있을 거라고 생각했어. 이것이 바로 그 유명한 소크라테스의 대화법이야.

다시 말해 소크라테스는 끊임없는 질문을 하며 상대방이 스스로 자신의 생각을 정교하게 조각할 수 있도록 도왔던 거야. 조각가였던 그의 아버지처럼 말이지.

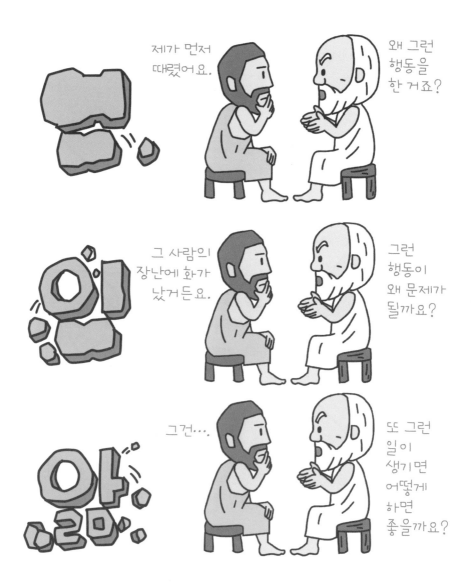

5. 정확히 알면 옳은 행동을 하는 거야?

그렇지! 정확히 알게 된 스스로의 지혜를 바탕으로 나의 행동이 옳은지, 그른지를 판단할 수 있게 되는 거야. 내가 생각한 대로 행동하는 것에 거리낌이 없다면 평안을 느낄 수 있게 되지.

소크라테스의 철학은 그가 죽는 순간에도 잘 드러나 있어.
당시 많은 청년과 제자들이 소크라테스의 대화법에 빠져들어
깊은 사색을 즐겼는데, 이를 본 정치인들은 소크라테스가 젊은이들을
타락시킨다며 그를 감옥에 가두어 버렸지.

감옥에서 탈출할 방법이 있었지만, 소크라테스는 모두 거부한 채
자신에게 내려진 사형선고를 받아들였어. 대체 왜 그랬을까?

아마도 아테네 시민으로서 법을 지켜야 한다는 깨달음(앎)이 실천으로 이어져야
마음의 평화를 누릴 수 있다는 걸 알았기 때문이 아니었을까?

어쩌면 자신의 생각대로 살지 못하는 삶이
죽음보다 더 두려웠을지도….

플라톤

B.C. 428?~B.C. 347?

1. 플라톤은 어떤 사람이야?

플라톤은 아테네의 명문 집안에서 태어난 '금수저'였어.
어려서부터 정치가가 되기 위한 제대로 된 전문 교육을 받았지.

원래 플라톤의 이름은 아리스토클레스였어. 그런데 당시 플라톤을 가르치던 체육 선생님이 평평한 이마에 어깨가 넓은 그를 '넓고 평평하다'는 뜻의 '플라톤'이라고 불렀고, 그게 그의 이름이 되었어.

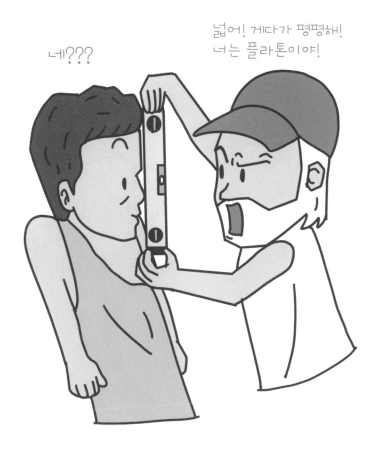

정치인이 되기 위해 성실하게 준비하며 지내던 어느 날,
플라톤은 우연히 소크라테스의 강연을 듣게 되었어.

큰 감명을 받은 플라톤은
소크라테스를 찾아가 이렇게 얘기했어.

저… 소선생님….

철학이
하고
싶습니다!

결국 플라톤은 소크라테스의
제자가 되었고,
철학자의 길로 들어서게 되었지.

2. 플라톤의 철학은 뭐야?

이데아는 원래 '사물의 모양'을 뜻하는데, 플라톤의 이데아는 우리가 눈으로 보는 사물의 모양이 아니라 마음의 눈으로 볼 수 있는 '사물의 순수한 본질'을 의미해. 조금 어렵지? 그럴 줄 알고 플라톤이 아주 쉬운 비유를 들어서 설명했어.

자, 여기 동굴 안에 죄수들이 보이지? 이 죄수들은 태어났을 때부터 뒤를 본 적도 없고 저 자세 그대로 동굴 벽에 비치는 그림자만 보고 살았어. 그렇다면 저 사람들한테는 벽에 비치는 그림자가 곧 실제 세계인 거겠지?

그러다 죄수 한 명이 풀려나 동굴 밖으로 나가게 되었어.
처음 보는 환한 세상에 눈이 부셨겠지?
하지만 죄수는 곧 밝은 빛에 적응했고, 흑백이 아닌
색채와 모양이 다양한 세상이 눈에 들어왔어.

동굴 밖 세상이 진짜였고, 동굴 안 그림자는 가짜였던 거야.

플라톤은 동굴 밖 실제 세상을 '이데아'라고 부르고,
동굴 안에서 우리가 눈으로 보고, 만지는 것들은
'이데아의 그림자'일 뿐이라고 주장해.

쉽게 말해서 우리가 살아가는 세계는 그림자의 세계이고,
어딘가에 이데아(동굴 밖 세상)가 존재한다는 거지.
그래서 진짜인 이데아를 찾기 위해 노력해야 한다고
주장하는 거야.

이데아 이론의 영향

영국의 철학자 화이트헤드는 이런 말을 해.

서양 철학사는
플라톤 철학에 대한
각주에 불과하다.

여기서 각주는 글의 뜻을 보충하거나
풀이한 글로 본문 아래쪽에 다는 거야.
플라톤의 철학이 그만큼 서양 철학
전반에 큰 영향을 미쳤다는 거지.
말로만 들어서는 잘 모르겠지?

먼저 이데아 세계와 현재 세계를 나누는 플라톤의 이원론은 로마의 주교이자 철학자인 아우구스티누스가 기독교 교리를 정립할 때 하나님의 나라(천당)와 현재 우리가 살고 있는 세상을 구분하는 데 아이디어를 제공했어.

플라톤의 이데아

이데아(idea)

현실(이데아의 그림자)

종교

천당(저승)

현세(이승)

이데아를 찾기 위해 끊임없이 생각하고 연구하는 플라톤의 모습은 우리 주변의 다양한 자연 현상들 속에서 자연법칙을 발견하는 과학적 태도에도 큰 영향을 미쳤어. 어때? 화이트헤드의 말이 틀리지 않았지?

3. 플라톤은 이데아 말고 다른 얘기는 안 했어?

국가

플라톤은 자신이 그토록 존경했던 소크라테스를 사형으로 몰고 간 아테네의 민주주의 정치에 문제가 있다고 생각했어. 그래서 자신이 생각하는 이상국가의 모습을 『국가』라는 책에 담아냈지.

플라톤은 인간의 몸을 머리, 가슴, 배로 나누었고, 그에 해당하는 기능과 덕을 다음과 같이 정리했어. 플라톤은 이 세 가지 덕의 조화를 '정의'라고 생각했고, 세 가지 덕이 조화를 이룬 사람을 '정의로운 사람'이라고 주장했지.

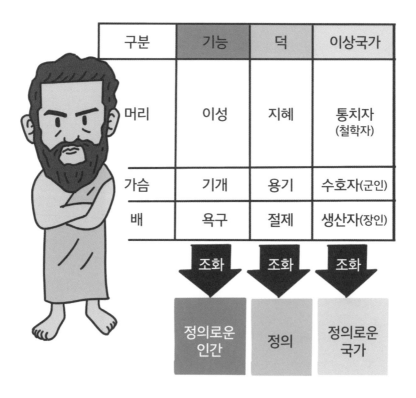

구분	기능	덕	이상국가
머리	이성	지혜	통치자 (철학자)
가슴	기개	용기	수호자(군인)
배	욕구	절제	생산자(장인)
	↓ 조화	↓ 조화	↓ 조화
	정의로운 인간	정의	정의로운 국가

플라톤은 국가 역시 인간의 신체에 해당하는 세 계급으로 나눴고, 각각의 계급들이 자기가 해야 할 일을 충실히 했을 때 조화로운 국가, 즉 정의로운 국가를 만들 수 있다고 주장했어.

교육

앞서 이야기했듯, 플라톤은 모든 사람이 정치에 참여하는 민주주의를 싫어했어. 교육받지 못한 다수는 위험하다고 생각했고, 엄격한 교육을 받은 소수의 엘리트만이 나라를 다스려야 한다고 주장했지.

플라톤이 생각하는 이상적인 교육 과정은 다음과 같아.

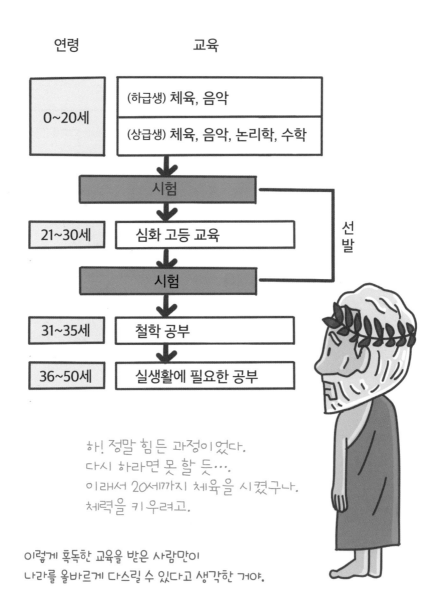

연령	교육
0~20세	(하급생) 체육, 음악
	(상급생) 체육, 음악, 논리학, 수학

시험

| 21~30세 | 심화 고등 교육 |

시험

선발

| 31~35세 | 철학 공부 |
| 36~50세 | 실생활에 필요한 공부 |

하! 정말 힘든 과정이었다.
다시 하라면 못 할 듯….
이래서 20세까지 체육을 시켰구나.
체력을 키우려고.

이렇게 혹독한 교육을 받은 사람만이
나라를 올바르게 다스릴 수 있다고 생각한 거야.

이것을 우리는 '철인정치'라고 불러. 여기서 '철인'이란 철학을 공부한 사람이라는 뜻이지. 플라톤은 철학을 공부하고 진리를 깨달은 소수의 엘리트가 올바른 정치를 하는 나라야말로 이상국가라고 생각했단다.

아리스토텔레스

B.C. 384~B.C. 322

1. 아리스토텔레스는 어떤 사람이야?

아리스토텔레스는 마케도니아 왕의 주치의였던
아버지 덕에 부유한 생활을
할 수 있었어.

아버지의 영향을 받은 아리스토텔레스는 자연과학,
특히 생물학에 관심이 많았지. 아버지의 일을 도우며,
현재 내 눈앞에 펼쳐진 삶 속에서
진리를 탐구하려는 자세가
자연스럽게 형성된 거야.

아리스토텔레스야,
잘 잡고 있으렴.

와~ 신기해요.
아버지!
사람의 몸속은
이렇게 생겼군요.

아버지가 돌아가시고 나서 물려받은 재산으로 자유롭게 학문을 연구할 수
있었던 아리스토텔레스는 "경제적인 여유가
행복의 일정 조건"이라고 말하기도 했어.

사람이 사는 데는
돈도 필요해~

아리스토텔레스는 열일곱 살이 되던 해에 플라톤이 설립한 학교 아카데미아에
입학해 20년 동안 공부했어.

이후 그 유명한 알렉산드로스대왕의 가정교사가 되어
3년 동안 왕을 가르치기도 했지. 플라톤이 이야기한
'철인정치'가 실현된 사례라고 할 수 있어.

어릴 때는 아버지의 넉넉한 지원이, 대(大)철학자가 되어서는 제자인 알렉산드로스 대왕의 전폭적인 지지가 그에게 힘이 되었지.

알렉산드로스대왕님께서 전 세계의 진귀한 물건들을 죄다 배로 보내셨어요!

그 녀석, 안 그래도 된다고 그렇게 이야기했거늘. 허허~

든든한 지원을 등에 업은 아리스토텔레스는 철학뿐 아니라 현대 모든 학문의 기초를 닦는 데 집중할 수 있었어. 그의 학문적 성과는 서양 학문 전반의 기초가 되었지.

경제학과
철학과
의학과
천문학과
교육학과
화학과
생물학과
미학과
정치학과
윤리학과
문학과

2. 아리스토텔레스의 철학은 뭐야?

형이상학

형이상학이란 말 너무 어렵지? 이해하기 쉽게 그리스 어원을 풀어서 설명해 줄게.
그리스어로 형이상학은 'Metaphysica(meta: ~다음에, 초월해서 + physics: 자연학)'라
고 해. '자연학을 초월한 것에 대한 학문'이라는 뜻이지.

눈으로 보거나 만질 수 없는 자연 너머의 것에 대한
학문이라고 이해하면 될 것 같아. 대표적으로 플라톤의
이데아를 들 수 있겠지?

플라톤은 보이지 않는 모든 것의 본질 세계(이데아)가 있을 거라는 가정 아래 현실 세계는 가짜라고 주장했어. 그런데 아리스토텔레스는 현실 세계가 진짜이고 만물의 본질은 지금 우리가 보고 있는 개체 안에 존재한다고 주장해.

연필의
이데아

가짜/그림자

이상적인 연필의
이데아는 어딘가에
있을 거야~
지금 우리가 보는 건
가짜라네!

아뇨. 스승님!
지금 눈앞에 있는
이 연필 자체가
바로 본질이에요!

그리고 개체는 형상과 질료로 구성된다고 말하지. 쉽게 말하면, 형상은 '모양'이고, 질료는 그 모양을 만드는 '재료'라고 이해하면 돼.

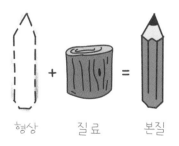

형상　　　　질료　　　　본질

플라톤은 우리 눈앞에 보이는 것 말고 이상적인 연필의 본질이 어딘가에 존재할 거라고 주장하지만, 아리스토텔레스는 지금 눈앞에 보이는 나무(질료)로 만든 뾰족한 모양(형상)의 연필이 바로 본질이라고 주장하는 거야.

아리스토텔레스는 세상이 변하는 건 목적이 있기 때문이라고 생각했어. 예를 들어, 씨앗은 싹을 틔우는 목적이 있고, 알은 부화하려는 목적이 있는 것처럼 세상에서 벌어지는 모든 일은 하나의 목적을 향해 발전해 간다고 말이야.

목적

원인

그런데 여기서 목적의 원인을 끝없이 따지고 가다 보면
최초의 원인이 있을 거 아냐?
아리스토텔레스는 그것을 '부동의 원동자'라고 불렀어.

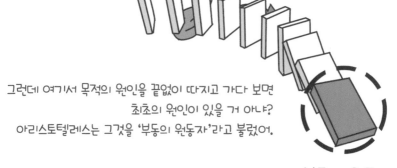

부동의 원동자

중세 기독교에서는 아리스토텔레스의 이론을 활용해 '부동의 원동자'는
바로 창조주이며 이 창조주의 목적에 따라 세계가 시작되었다고 주장하지.
아리스토텔레스의 이론이 '세상 모든 것이 신의 목적 아래 움직인다'는
기독교 사상으로 발전한 거야.

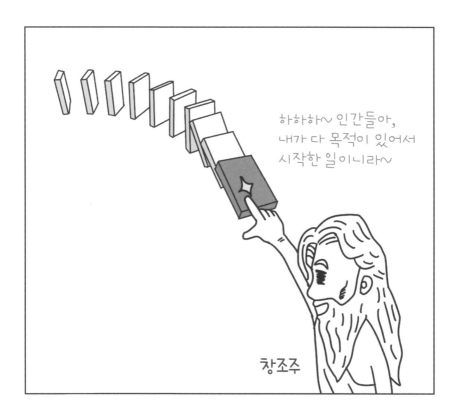

행복론

아리스토텔레스는 최고의 선은 행복이라고 이야기했어. 행복이란 모든 생물이 자신의 능력을 완전히 발휘하는 데서 온다고 말했지.

예를 들면, 새들은 자유롭게 날 수 있어야 행복하고, 물고기는 마음껏 헤엄칠 수 있어야 행복하다는 거야. 그렇다면 인간은?

날개가 있는 새들은
하늘에서 날 때가 제일 행복하고,

지느러미가 있는 물고기들은
물속에서 헤엄칠 때가
가장 행복하지.

나는... 이렇게 생각할 수 있는
이성이 있어서 더 지혜로운 사람이
될 수 있어!

인간만이 가진 능력이 뭘까? 바로 이성이야.
아리스토텔레스에 따르면, 인간은 이성 능력을 완전히
발휘해 덕을 갖출 때 가장 행복하단다.

덕에는 이론적 덕과 실천적 덕이 있는데,
이론적 덕은 교육으로 이성을 갈고닦을 때 형성되고,
실천적 덕은 '중용'의 습관화로 형성될 수 있다고 해.

배워서 알게 된 것을
지나치거나
모자람 없이
반복 실천하다 보면
행복에 다다를
것이야!

플라톤의 교육이 선발을 목적으로 한 통제와 감독 아래 이루어졌다면,
아리스토텔레스의 교육은 인간의 잠재력을 마음껏 발휘하도록 하는 데 중점을
두었고, 교육 기간도 7~21세로 한정했지.

이보게, 아리스토텔레스!
그게 무슨 소린가?
교육이란 모름지기 잘 통제하고 감독해서
엘리트를 선발하는 일이거늘! 쯧쯧쯧,
결국 망아지가 자기를 낳아 준 부모를 버리듯
나를 버리는구나!!

스승님, 교육이란 인간의 잠재력을
마음껏 발휘하게 해 주는 데
그 목적이 있어야 합니다!
교육 기간도
21세까지면 충분해요!

3. 플라톤과 아리스토텔레스의 사이가 그렇게 안 좋았어?

이해를 돕기 위해서 조금 과장하긴 했지만, 사실 아리스토텔레스는 플라톤의 이론을 기반으로 자신만의 이론을 새롭게 창조했기 때문에 둘 사이가 그렇게 나쁘지만은 않았을 거야. 아마도 플라톤은 제자인 아리스토텔레스가 대견하지 않았을까?

본질은 저 위 이데아에 있네!

국가는 철저히 국민을 통제해야 해.

교육은 선발만 잘하면 되는 거야~

로마의 바티칸 미술관에는 라파엘로가 그린 「아테네 학당」이라는 그림이
걸려 있는데, 이 그림의 중앙, 즉 가장 중요한 자리에 이 두 철학자가 있어.
이 그림만 봐도 플라톤과 아리스토텔레스가
서양 철학사에서 얼마나 중요한 인물인지 짐작할 수 있겠지?

아니라니까요, 글쎄~
지금 여기가 본질이에요!

국가는 사람들이 행복하게
살 수 있게 도와주면 그만이에요.

교육은 개인의 능력이
제대로 발휘되도록 돕는
역할이라니까요~

chapter 2
헬레니즘 시대의 철학
혼란의 시대

제논
B.C. 335~B.C. 263

에피쿠로스
B.C. 341~B.C. 270

VS

에픽테토스
55?~135?

마우렐리우스
121~180

아리스토텔레스의 제자 알렉산드로스가 페르시아를 시작으로 시리아, 이집트를 정복하고 인도까지 쳐들어갔으나 실패하고 죽자 후계자 싸움이 길어졌어. 이 시기에 그리스 문화에 동양의 문화가 섞여 들며 독특한 문화를 형성했는데 그걸 헬레니즘이라고 불러.

알렉산드로스대왕이 죽은 뒤 후계자 싸움이 길어지면서 그리스 사회는 혼란에 빠졌지. 사람들은 정치에 관심을 끄고 "어떻게 하면 혼란스러운 세상에 적응할 수 있을까?" 하는 문제에 몰두하게 되었어. 그래서 등장한 것이 바로 헬레니즘 시대의 철학이야. 헬레니즘 시대의 철학은 에피쿠로스학파와 스토아학파가 양대 산맥을 이룬단다. 이들의 이야기를 들어 볼까?

에피쿠로스
B.C. 341~B.C. 270

1. 에피쿠로스학파가 뭐야?

에피쿠로스는 기원전 341년, 아테네가 지배하던 시모스섬에서 태어났어.
그는 교육 기관에서 공부하지 않고 스스로 공부한 철학자였지.

나의 스승은 바로
나야, 나~
나야, 나~

그는 혼란스러운 도시국가에서 벗어나 자연 속에 학교를 짓고, 수양하며 깨달음을 얻고자 노력했어. 그래서 에피쿠로스학파를 '정원학파'라고도 불러.

2. 에피쿠로스학파의 철학이 뭐야?

아타락시아

에피쿠로스 역시 행복을 추구하는 철학자였어.

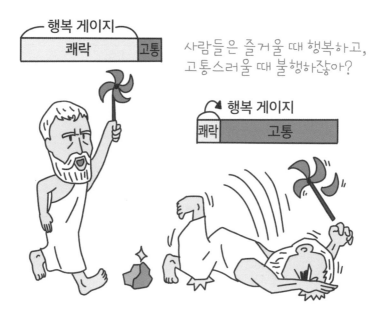

행복 게이지

| 쾌락 | 고통 |

사람들은 즐거울 때 행복하고,
고통스러울 때 불행하잖아?

행복 게이지

| 쾌락 | 고통 |

그래서 에피쿠로스는 고통은 최대한 줄이고 가능한 한 많은 쾌락을 얻는 것이
행복에 이르는 방법이라고 생각했지. 이런 점에서 그는 '쾌락주의자'라고도 불렸어.

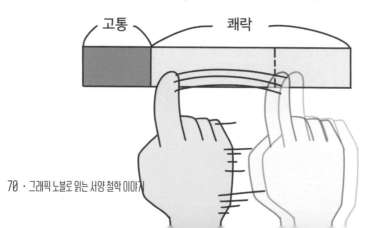

고통   쾌락

여기서 에피쿠로스의 쾌락은 우리가 흔히 알고 있는 쾌락과는 거리가 멀어. 에피쿠로스는 가장 큰 쾌락이란 어떤 일에도 흔들리지 않는 안정된 마음 상태, 즉 '아타락시아'라고 이야기해. 이것을 설명하기 위해 다음과 같이 욕망을 정리했지.

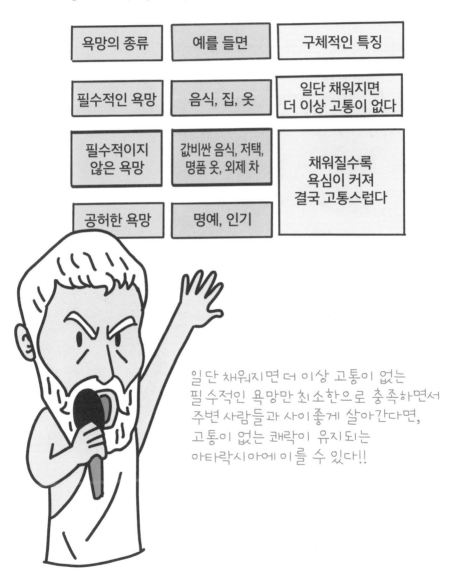

욕망의 종류	예를 들면	구체적인 특징
필수적인 욕망	음식, 집, 옷	일단 채워지면 더 이상 고통이 없다
필수적이지 않은 욕망	값비싼 음식, 저택, 명품 옷, 외제 차	채워질수록 욕심이 커져 결국 고통스럽다
공허한 욕망	명예, 인기	

일단 채워지면 더 이상 고통이 없는
필수적인 욕망만 최소한으로 충족하면서
주변 사람들과 사이좋게 살아간다면,
고통이 없는 쾌락이 유지되는
아타락시아에 이를 수 있다!!

죽음에 대한 철학

에피쿠로스는 사람들이 죽음에 대한 두려움으로 고통받는다는 사실을
깨달았어. 그리고 이러한 두려움은 "죽어서 지옥에 가지 않을까?"
하는 마음에서 비롯된다고 생각했지.

그래서 에피쿠로스는 신이나 사후 세계는 존재하지 않는다고
주장하며 사람들의 고통을 덜어 주고자 했어.
그가 이렇게 주장하는 근거는 뭘까?

첫째, 신은 선한데 신이 만든 세상은 악하다는 게
말이 되지 않는다는 거야.

둘째, 에피쿠로스는 데모크리토스의 '원자론'을
받아들여 이렇게 이야기해.

물질을 계속 쪼개면 더 이상 쪼개지지
않는 입자인 '원자'가 될 거야.

고대 철학자
데모크리토스

우리도 원자에서 시작되었기 때문에
죽으면 다시 원자로
돌아가는 겁니다.
죽으면 끝! 신도 지옥도 없다고요!
그러니 이제 두려워 마세요~

제논
B.C. 335~B.C. 263

1. 스토아학파가 뭐야?

스토아학파의 창시자는 제논이야. 제논은 원래 성공한 장사꾼이었는데,
어느 날 타고 있던 배가 침몰하면서 많은 재산을 한꺼번에 날리고 말았지.

그때 우연히 읽은 철학책 덕분에
남은 생을 철학자로
살게 되었다고 해.

그래! 날씨는 내 힘으로
어쩔 수 없는 일이었어.
운명이라 받아들이고
이제 철학을 공부해 보자!

'스토아'라는 이름은 '얼룩진 복도'에서 유래했는데,
제논이 바로 그런 곳에서 학문에 힘썼기 때문에 붙여진 이름이야.

2. 스토아학파의 철학이 뭐야?

아파테이아

제논은 이 세계가 어떤 법칙에 따라 작동한다고 생각했어.
그 법칙은 바로 '로고스'라는 거야.

이 세계가 로고스에 따라 질서를 이루는 것처럼, 사람들의 이성에도 로고스가 작용한다고 생각했던 제논은 이성에 따른 삶을 사는 것이 가장 이상적인 삶이라고 주장했지.

사람에게도 로고스가 있어!
그게 바로 이성이야.
자연이 로고스에 따라 움직이는
것처럼 우리도 이성에 따라
움직이는 게 자연스럽고
이상적인 거야!

그런데 이런 이성을 방해하는 것이 있으니, 그게 바로 감정이라는 거야. 이런 감정은 주로 고통이나 두려움, 쾌락, 욕망에 따라 요동치기 때문에 이를 잘 통제해야 한다고 주장했지. 그래서 제논과 같은 이들을 '금욕주의자'라고도 불러.

안 돼!

공공장소에서
소란을 피우면 안 된다는
사실을 알면서도
화가 엄청 나서
실천이 안 되는구나….
역시 감정은
이성을 마비시키는군.

할아버지~
저 장난감 사 줘요!
으앙~

요컨대 제논은 감정에 휘둘리지 않고 이성을 따르는 것이
가장 이상적이고 자유로운 상태인 '아파테이아'라고 생각했지.

행복론

제논은 참된 행복이란 쾌락을 느끼는 데서 오는 것이 아니라 자기가 어찌할 수 없는 것(출신, 타고난 부, 명성)에 대한 미련을 버리고 지금 할 수 있는 일에 집중할 때 얻게 되는 것이라고 말해.

에픽테토스

55?~135?

1. 스토아학파에 또 다른 철학자는 없었어?

에픽테토스라는 철학자가 있었어. 그는 노예였지. 에픽테토스가 스토아학
파의 철학을 실천하는 데 얼마나 열심이었는지 보여 주는 일화가 있어.

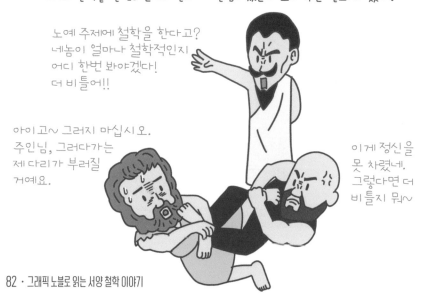

노예 주제에 철학을 한다고?
네놈이 얼마나 철학적인지
어디 한번 봐야겠다!
더 비틀어!!

아이고~ 그러지 마십시오.
주인님, 그러다가는
제 다리가 부러질
거예요.

이게 정신을
못 차렸네.
그렇다면 더
비틀지 뭐~

이 일화에서 보듯이 에픽테토스는 자신의 감정을
매우 잘 통제하는 사람이었어.

2. 에픽테토스가 말하는 삶의 지혜는 뭐야?

그는 노예라는 신분에 몸도 성하지 않은,
누가 봐도 최악의 상황이었음에도
끊임없이 공부하고 노력해서
훌륭한 철학책을 쓰기도 했어.

그의 글은 로마의 황제가 읽을 정도로 유명해졌지.

흠, 이 사람의 글을 읽고 있으면
마음이 너무나 편안해지는구나!

로마 황제 마르쿠스 아우렐리우스

최악의 흙수저에서 최고의 철학자가 되기까지,
에픽테토스는 성공의 비결을 다음과 같이 말했단다.

첫째, 자신이 처한 조건에 휘둘리지 말고 자신이 어떤 사람인지에 집중하자.

세상을 바꾸는 15분

둘째, 뜻대로 할 수 없는 일을 바꾸려고 노력하지 말자.

셋째, 남들이 나에 대해 하는 말에 신경 쓰지 말고, 당당히 자신의 삶을 살자!

아우렐리우스
121~180

1. 스토아학파에 또 다른 철학자도 있어?

로마의 황제였던 아우렐리우스 역시 스토아학파였어. 그는 스토아 철학에 따라 엄격히 절제된 생활을 했지. 어려서부터 침대를 버리고 항상 차가운 바닥에서 잠을 잔 걸로도 유명해.

철저하게 스토아 철학의 가르침에 따라 살았던 아우렐리우스는
어린 아들이 죽은 슬픈 상황에서도 다음과 같이 말했다고 해.

어리석은 사람은 이렇게 묻는다. 내 아이를 잃지 않으려면
어떻게 해야 하느냐고. 하지만 그대는 이렇게 물어야 한다.
"아이를 잃은 슬픔을 이겨 내려면 어떻게 해야 합니까?"라고.

현실을 있는 그대로 받아들이고 감정을 최대한 절제하기 위해 노력했던
스토아 철학자다운 말이지? 이렇게 스토아 철학은 당시 로마의 황제부터
시민에 이르기까지 모든 사람에게 큰 영향을 미친 국민 철학이었어.

2. 스토아학파? 에피쿠로스학파? 모두 비슷한 거 아냐?

이 두 학파가 이상으로 여겼던 아타락시아(평정심), 아파테이아(부동심)는
언뜻 보면 비슷한 개념 같기도 해.
하지만 현실을 받아들이는 방법에서 큰 차이가 있지.

먹구름이 몰려오는군!
어서 숲으로 피하자!

에피쿠로스학파

에피쿠로스학파가 혼란스러운 상황에서 벗어나 개인의 평안한 감정 상태(아타락시아)를 추구하며 현실을 회피하려 했다면, 스토아학파는 현실을 있는 그대로 받아들이고 버티면서 살아가야 한다고 주장해. 어때? 차이가 느껴지지?

어이쿠~ 비를 어찌 피한다고?
이렇게 우산을 쓰고 버티다 보면
언젠가는 그치겠지~

스토아학파

chapter 3
중세 시대의 철학
암흑의 시대

마무구스티누스

354~430

토마스 아퀴나스

1225?~1274

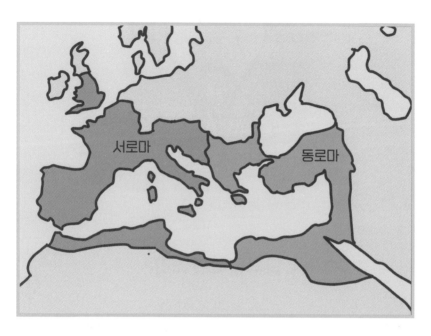

서로마

동로마

중세 시대는 서로마제국이 멸망한 476년부터 동로마제국이 멸망하는 1453년까지 약 천 년의 기간을 말해. 이 시대의 철학은 성 베드로 다미아노의 한마디 말로 정의할 수 있지. "철학은 신학의 시녀이다."

인간의 이성을 중시했던 이전 시대의 철학에 비해 종교가 모든 사상과 철학을 압도한 시대였던 거야. 그래서 암흑의 시대라고도 불렸지. 중세 철학은 크게 교부철학 시대와 스콜라철학 시대로 나뉘는데, 교부철학을 대표하는 아우구스티누스와 스콜라철학을 대표하는 토마스 아퀴나스 이야기에서 중세 시대의 철학을 알아보자.

아우구스티누스
354~430

1. 교부철학이 뭐야?

이스라엘의 종교였던 그리스도교가 급속도로 대제국 로마에 전파되면서 처음에는 탄압을 받았지만 결국 로마의 국교가 되었어.

콘스탄티누스대제의
밀라노 칙령(313년)

로마제국에 있는 여러 문화권에 그리스도교를 전파하기 위해서는 논리적인 설명이 필요했지. 이스라엘의 하나님을 다른 문화권 사람들이 받아들이도록 하려면 효과적으로 설득할 수 있는 사람들이 필요했던 거야.

그래서 이 시기에 그리스도교의 교리를 논리적으로 정리하려 한 사람들이 등장하게 되는 거야. 그들이 바로 교부(교회의 아버지)들이고, 대표적인 인물이 아우구스티누스였지.

2. 아우구스티누스는 어떤 사람이야?

이교도인 아버지와 독실한 그리스도교 신자인 어머니 사이에서 태어난 아우구스티누스는 어린 시절에 부모님의 속을 엄청 썩였어. 불량 학생들과 어울리고 못된 짓을 저지르는 걸 즐겼지.

작가 아저씨,
내가 뭐?
불량하다고?

아니, 아니~
내 말은 그게
아니고….

항상 아들을 위해
기도하는데,
변하지를 않는구나.
언제쯤 저 녀석이
정신을 차릴까?

어머니 모니카

그러나 쾌락의 끝을 맛본 아우구스티누스의 마음은 늘 공허했어.

펴서 읽어라~

혹시…
성경?

하고 싶은 대로
하며 살았는데,
왜 이렇게 공허하지?
그리고 이 노랫소리는
뭐야? 뭘 펴서
읽으라는 거야?

아우구스티누스는 서른두 살이 되던 해에 "펴서 읽어라"라는
노랫소리를 듣고 성경을 펼쳐서 읽었어.

펴서 읽어라~

낮에 행동하듯이 단정히 행동하고,
방탕하거나 술에 취하지 말며,
음란하거나 호색하지 말고,
다투거나 시기하지 말며,
오직 주 예수 그리스도로 옷 입고
정욕을 위해 육신의 일을 도모하지 말라.

_로마서 13장 13~14절

우연히 펼쳐 읽게 된 성경 구절 덕분에 아우구스티누스는
그동안 지은 죄를 회개하고 신학자의 길을 걷게 되었어.

3. 아우구스티누스의 철학은 뭐야?

원죄론, 천국의 등장

※ 신은 왜 악을 만들었나?

앞에서 에피쿠로스가 했던 말, 혹시 기억나? "신은 선한데 왜 악을 만들었는가?"
"신은 악을 막을 능력이 없는가?" 등 신에 대한 공격에 아우구스티누스는 이렇게 말해.

빛이 약해지면 어둠이 짙어지듯이, 선이 약해지면 악이 강해지는 것은 당연한 일, 결국 악을 만든 것은 신이 아니라는 말이지.

※ 신은 자신의 형상대로 인간을 만들었는데, 왜 사람들은 악한 행동을 하는 거야?

신은 인간을 사랑해서 '자유의지'를 주었어. 인간은 자유롭게 선택하고 행동할 수 있는 존재가 되었지. 그런데 이 자유의지를 가진, 인간의 최초 조상이라고 불리는 아담과 이브가 '선악과'를 따먹음으로써 인류 최초로 죄(원죄)를 짓게 되었고, 후손인 우리 인간도 죄에 끌리는 성향을 타고나게 되었다는 거야.

우리는 원죄를 지은 아담과 이브의 후손이니까 죄에 끌리는 성향을 타고났을 것이고….

어릴 적 우리 집에도 배가 많았는데 남의 집 배를 훔치는 일 자체가 즐거웠던 기억이 있어. 그러고 보면 인간은 죄에 끌리는 성향을 가진 게 분명해.

따라서 인간은 오직 신에 대한 믿음과 은총으로만
악에서 벗어나 선해질 수 있다고 아우구스티누스는 주장해.

빛, 선

어둠, 악

천당과 현세의 구분

※ 선한 행동을 해야 하는 이유가 뭐야?

선한 행동을 하는 목적은 이상적인 나라에 가기 위함이지. 바로 천국 말이야.
아우구스티누스는 플라톤의 이데아 이론을 받아들여 다음과 같이 주장해.

아우구스티누스는 우리가 살아가는 세상은 지상의 왕국이고, 죄와 탐욕의 세상이라고
말하지. 그리고 플라톤의 이데아에 해당하는 천상의 왕국은 인간이 죄를 뉘우치고 신
의 사랑을 듬뿍 받는 이상적인 세상이라고 말해.

조명설

아우구스티누스에 따르면 인간은 스스로 무언가를 깨달을 수 없는 존재야.
신이 인간의 정신에 빛을 비춰 주어야만 이성적인 사고를 할 수 있다는 거지.

그렇게 때문에 인간은 독실한 신앙생활로 신이 자신에게
조명을 비춰 주길 기도하며 진리를 깨닫기 위해 노력해야 한다는 거야.

토마스 아퀴나스

1225?~1274

1. 스콜라철학이 뭐야?

중세 시대, 수도원에서 성직자들을 교육할 목적으로 교과 학습(scholastik)이 유행
했는데, 스콜라는 바로 여기서 유래된 이름이야. 스콜라철학은 '성경'을 이해하
려고 철학을 공부했어.

2. 토마스 아퀴나스는 어떤 사람이야?

귀족 출신인 토마스 아퀴나스는 그 당시 여느 귀족과 마찬가지로 수도원에서 초등교육을 받았어. 토마스 아퀴나스는 사람보다 책을 좋아하고 친구들과 떠들기보다 혼자 조용히 지내는 걸 즐겼지. 뚱뚱하고 말이 없던 그를 친구들은 '말 못하는 황소'라고 놀리곤 했어.

하지만 토마스 아퀴나스의 진가를 알아본 그의 스승 알베르투스는
이렇게 얘기했다고 해.

한심한 녀석들…
미래에 황소가 울부짖으면
전 세계가 벌벌 떨 것이다!

스승의 말처럼 토마스 아퀴나스는 죽기 전까지 수많은 책을 쓰고 설교하며
종교가 전부였던 중세 시대에 스콜라철학의 전성기를 만들어 냈지.
결국 토마스 아퀴나스는 수많은 종교적 문제를 철학적으로 해결한 공을
인정받아 죽은 뒤 성인으로 추대되었어.

편지
218통

철학책
100권

설교집
500권

3. 토마스 아퀴나스의 철학이 뭐야?

철학과 신학의 위계

토마스 아퀴나스는 아리스토텔레스의 철학에 많은 영향을 받았어. 철학을 신학으로 끌고 들어와 신을 믿기 위한 논리적 기반을 다지고자 한 거지. 아래 그림은 토마스 아퀴나스가 신학과 철학의 관계를 정리한 거야.

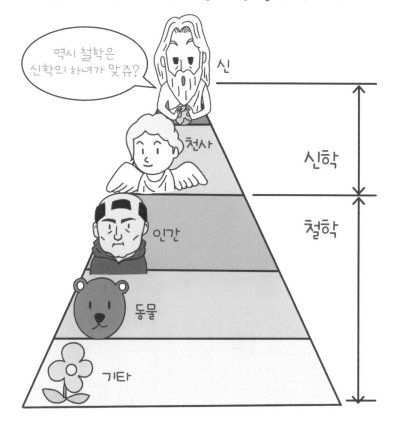

이 위계에 따르면 신과 천사 등 인간의 이성으로 도달할 수 없는 분야는 종교의 대상이 되고, 그 밑으로 인간과 자연을 다루는 일은 철학의 대상이 되지. 토마스 아퀴나스는 이렇게 정확하게 신학과 철학을 상하 관계로 규정했어.

신의 존재 증명

토마스 아퀴나스는 신의 존재 이유를 아리스토텔레스의 철학을 활용해 다음과 같이 증명해. 앞서 아리스토텔레스 편에서 이야기했던 거 기억하지?

첫 번째, 모든 사물은 변화하는데 그것을 처음 움직이게 한 존재가 신이다.
두 번째, 세상 만물의 최초 원인이 바로 신이다.
세 번째, 우연히 발생하는 일도 필연적인 존재가 있을 때 가능하다. 이때 필연적으로 존재하는 것이 신이다.
네 번째, 모든 사물은 목적을 향해 나아간다. 이러한 목적을 설정해 주는 존재가 신이다.

닭의 원인은 병아리고,
병아리의 원인은 달걀이고….
이렇게 끝도 없이 원인을 찾아가다 보면
최초의 원인이 있을 거 아니에요?
그걸 아리스토텔레스는
'부동의 원동자'라고 했다
이 말씀!!

목적

원인

부동의 원동자

하하하~ 인간들아!
내가 다 목적이 있어서
시작한 일이니라~

창조주

툭!

그런데 그 부동의 원동자가
바로 신이라는 겁니다!!!
신이라는 필연적인 존재가 목적을 가지고
모든 걸 시작했다는 거예요!!!

다섯 번째, 사물을 서로 비교할 수 있는 어떤 완전하고 절대적인 기준이 있다.
그 기준이 신이다.

이렇게 토마스 아퀴나스는 신앙에 무게를 둔 아우구스티누스와 달리 이성과 철학에 무게를 실어 주었단다.

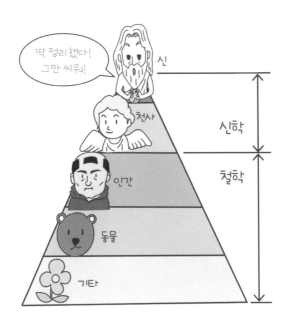

chapter 4
근대의 철학
깨어난 이성의 시대

합리주의

데카르트
1596~1650

스피노자
1632~1677

관념론

칸트
1724~1804

헤겔
1770~1831

경험주의

베이컨
1561~1626

홉스
1588~1679

흄
1711~1776

공리주의

벤담
1748~1832

밀
1806~1873

'근대'라는 말 조금 어렵지? 근대는 가까울 '근(近)', 시대 '대(代)', 즉 현재 (현대)에 가까운 시대를 의미해. 우리가 살고 있는 현대가 어떻게 시작되었는지 설명해 주는 시대라고 할 수 있지.

근대 철학은 르네상스. 종교개혁, 과학혁명에서 출발했어. '부활', '재생'을 뜻하는 르네상스는 고대 그리스와 로마 시대 문화의 부활을 의미해. 중세 시대 오랜 종교전쟁으로 교회의 위상은 나락으로 떨어졌고, 그 기간에 부를 축적한 사람들 사이에서는 인간을 깊이 탐구했던 그리스, 로마 시대 문화에 대한 관심이 커졌지. 그렇게 르네상스는 시작되었어. 르네상스는 중세 시대에 억눌렸던 인간의 감정과 이성을 해방했고, 개인의 존엄성을 깊이 사유하는 철학이 가능하게 했지.

이러한 르네상스의 인문주의 문화는 이탈리아에서 시작돼 유럽 전역으로 퍼져 나갔고, 종교개혁에도 큰 영향을 미쳤어. 루터라는 사람은 기존에 교회를 통해서만 구원을 받을 수 있다는 주장에 반대하며 개인도 성경으로 구원을 받을 수 있다고 주장했지. 다시 말해 종교에서도 개인이 중요해졌다는 거야.

이렇게 신 중심의 사고에서 벗어나 인간 스스로 질문을 던지고 생각하게 되면서 과학혁명이 촉발되었어. 코페르니쿠스의 지동설을 갈릴레오 갈릴레이가 관측으로 증명하고, 케플러가 이를 수학적으로 정리하면서 아리스토텔레스와 중세 기독교에서 천 년 동안 주장했던 '천동설'이 무너졌지.

천 년의 진리를 과학이 무너뜨리면서 사람들은 실험과 관찰을 바탕으로 한 이성적 활동을 무한히 신뢰하게 되었고, 이는 르네상스, 종교개혁과 함께 근대 철학을 형성하는 데 큰 역할을 하게 되었어.

1. 데카르트는 어떤 사람이야?

데카르트는 1596년 프랑스의 한 부유한 법률가 집안에서 태어났어. 어려서부터 몸이 약해 집에 가만히 누워 있을 때가 많았고, 잠도 많았지. 학교에서도 인정했을 정도라고 해.

데카르트는 아직 안 왔니?

데카르트는 항상 11시까지 늦잠을 자서 11시 반에야 올 걸요~

데카르트의 아버지는 대학에서 법률을 전공한 데카르트가 법관이 되길
원했지만 아버지의 기대와 달리 데카르트는 군인이 되었어.

데카르트가 군인이 되려고 했던 이유가 궁금하지? 그가 군인이 되고자 했던 진짜 이유는 군대 생활을 하며 다른 나라의 다양한 사람을 만나고 그들에게서 다른 세상을 배우고자 했던 거야. 데카르트는 다양한 세상을 경험하며 사람들의 이성을 탐구했고, 이후 철학자가 되어 훌륭한 업적을 만들어냈지.

1649년, 데카르트가 쉰네 살이 되던 해, 그의 명성을 들은 스웨덴 여왕이 그를 과외 선생님으로 초빙했어. 아이러니하게도 여왕은 새벽 5시만 되면 데카르트를 닦달해 철학을 가르쳐 달라고 요구했고, 평생 늦잠을 자던 그에게 새벽 5시 수업은 오래 감당하기 벅찬 일이었지. 결국 그해 데카르트는 폐렴으로 세상을 떠나고 말았어.

여왕님, 그건 말입니다….

데카르트,
이건 왜 그런지 알려 주세요∼

아∼ 괜히 한다고 했어.
매일 새벽 5시부터
이게 무슨 고생이람.
이러다 죽겠어!

2. 데카르트의 철학이 뭐야?

나는 생각한다, 그러므로 존재한다

너무나도 유명한 말이지? "나는 생각한다, 그러므로 존재한다." 모든 사람이 한 번쯤은 다 들어 봤을 거야. 근대가 시작되면서 기존에 정립된 지식은 무너지고, 새롭고 다양한 이론이 마구 쏟아졌지.

이번에 내가 새로 발표한 이론인데, 이게 정답이에요~

저 사람의 이론은 논리적으로 오류가 있어요. 제 이론이 맞습니다!

이렇게 혼란스러운 상황이 계속되자 데카르트는 확실한 지식이 필요하다고 생각했어.

무언가 반론의 여지가 없는, 아주 확실한 지식이 필요해. 기존의 지식을 하나부터 열까지 모두 다 의심해 보고 진짜 지식이 뭔지 찾아내야겠어.

사람들은 대개 감각과 이성으로 지식을 형성하기 때문에 데카르트는
먼저 이 둘을 의심하기 시작했어. 제일 먼저 의심한 건 감각이었지.

다음으로 데카르트가 의심한 건 이성적인 지식이었어. 이성적인 지식이라면
누가 뭐래도 수학 아니겠어? 그는 수학에 대해서도 믿을 수 없다는 결론에
이르렀지.

데카르트는 끊임없이 의심하던 중 이런 생각에 이르게 돼.

잠깐! 의심하고 있다는 사실만은
확실하잖아!!

그리고 바로 내가 의심하고 있어!

그래!! 의심하는 나는 존재하고 있어!
"나는 생각한다, 그러므로 존재한다."

이것을 철학의
제1원리로 삼고,
나머지 참된 지식을
다시 찾으면 되겠군!

제1원리: 나는 생각한다,
그러므로 존재한다.

지식 2

지식 3

사물은 존재하는가?

'나'의 존재는 확실한 사실임을 알게 된 데카르트는 다음으로 사물의 존재를 증명해야 했지. "우리가 보고 느끼는 사물도 악령이 우리를 속여 그렇게 믿게 만드는 것은 아닐까?" 바로 이 의심에 대한 답이 필요했어.

그래서 데카르트는 신을 소환해.

이 녀석은 또 누구야?

절대적으로 선한 신이 우리에게 이성과 감각을 주었지!

그런 이성과 감각으로 파악한 사물이 거짓일 리 없어.

뭐야??

그러므로 사물의 존재가 거짓이라면 그것은 신의 책임!!

정신과 물질의 분리

데카르트는 정신과 물질이 따로 존재한다고 주장했어.

그런데 인간의 뇌에는 '송과선'이라는 독특한 기관이 있어서
인간의 정신과 육체를 연결해 준다고 생각했지.

송과선

3. 데카르트 철학의 의미가 뭐야?

데카르트의 철학은 합리론의 출발점이 되었어. 합리론이란 인간의 이성이 진리를 밝히는 유일한 수단이라고 주장해. 이러한 이성에 대한 자신감은 인간의 탐구심에 용기를 불어넣어 주었고, 근대 과학과 철학에 지대한 영향을 미치게 되었단다.

우리는 신이 보증한 이성을 가진 유일한 존재야!
자신감을 가지고 뭐든지 해 봐!!
철학이든 과학이든!

Just do it!!!

네!!

네!!

베이컨

1561~1626

1. 베이컨은 어떤 사람이야?

1561년 궁정 대신의 아들로 태어난 베이컨은 경제적으로
풍요로운 환경에서 자랐어. 그런데 아버지가 갑자기
돌아가셨고, 베이컨은 어리다는 이유로 유산을
상속받지 못했지.

하지만 출세욕이 남달랐던 베이컨은 누구보다 열심히 공부해서 21세에 변호사가 되었고, 이후에도 승승장구, 57세에 대법관이 되었어. 베이컨은 철학자라기보다 명예욕이 강한 정치가에 가까웠지.

21세, 변호사

48세, 법무차관

52세, 법무장관

57세, 대법관

그런데 대법관이 된 지 3년 만에 베이컨이 피고인에게
뇌물을 받았다는 사실이 밝혀졌고,

이 보게, 베이컨~
이번 재판 좀
잘 부탁하네~
내 자네만 믿겠네!

결국 베이컨은 죄를 인정하고 런던탑에 갇히는 신세가 되었어.
그렇게 그는 정치 생활을 마무리하게 되었지.

아~ 한순간의
잘못된 선택 때문에
인생을 망쳤구나….

2. 베이컨의 철학이 뭐야?

4대 우상론

베이컨은 전통적인 철학에 매우 적대적인 태도를 보였어. 특히 아리스토텔레스와 스콜라철학을 거세게 비난하면서 철학은 새롭게 출발해야 한다고 주장했지.

베이컨은 수백 년 동안 스콜라철학이 사람들에게 심어 놓은 편견 탓에
새로운 철학을 시작하기가 어렵다며, 새로운 철학을 방해하는 편견들
을 '4대 우상론'으로 설명해.

둘째, 동굴의 우상! 인간 개개인이 각자 살아온 삶의 경험과 취향이
달라서 생기는 편견이야.

셋째, 시장의 우상! 언어의 문제로 생기는 편견을 말해. 시장에는 언제나
많은 사람이 모여 북적이고 그만큼 소문이 많이 생겨나잖아?
사람들이 그 소문들을 사실로 믿게 되면서 생기는 편견을 말하는 거야.

넷째, 극장의 우상! 권위에 복종해서 생기는 편견이지.

귀납적 추론

베이컨은 이렇게 다양한 편견에서 벗어나 직접 경험하고 실험, 관찰하면서
새롭게 철학을 시작해야 한다고 주장했어. 실험과 관찰로 얻은 방대한 정보
들을 토대로 보편적인 지식을 발견할 수 있다는 거지.

보편적인 지식

보편적 지식을
발견한다!

여기서 얻은
다양한 정보를
비교, 분석하고

다양한 현상을
직접 실험하고
관찰하여,

3. 베이컨 철학의 의미가 뭐야?

베이컨 철학의 의미는 그의 죽음과 관련한 일화에서 발견할 수 있어. 1626년, 눈 내리던 어느 겨울, 베이컨은 차가운 눈이 얼마나 오래 생물의 부패를 막을 수 있는지 실험을 했어.

닭의 배를 가르고
눈을 가득 채운 뒤에
썩는 정도를
확인해 보자!

추운 날씨에 실험에 몰두하느라 심한 감기에 걸린 베이컨은
다음과 같은 메모를 남긴 채 결국 죽고 말았지.

그가 강조한 실험과 관찰의 중요성은 근대 과학의 기본 요소가 되었고,
이를 바탕으로 수많은 새로운 지식이 세상에 나오게 되었단다.

1. 스피노자는 어떤 사람이야?

스피노자는 네덜란드 암스테르담의 한 유대인 집안에서 태어났어. 유대교 목사가 되길 바란 아버지의 기대와 달리 스피노자는 스물네 살이 되던 해에 이단으로 고발당하고 추방되었지.

여러분! 신은 바로 자연이고, 만물입니다!

이보게, 스피노자! 얼마면 되겠나? 당장 그 말만은 취소하게!

감히 신을 모독해? 그 말 당장 취소하지 않으면 가만 안 두겠어!!

이후 스피노자는 헤이그의 다락방에서
고독하게 살았어.
다행히 학생 때 배운 안경 렌즈
갈아 주는 일을 하며 생계를 유지했고,
철학에 힘을 쏟았지.

스피노자의 명성이 높아지자 하이델베르크대학에서 교수직을 제안하기도
했지만, 그는 철학에 집중하려고 이를 거절했어.

우리 대학으로 와서
학생들을 가르쳐
주게나.

제안은 감사하지만,
사상의 자유를
침해당할 것
같아서요.
죄송합니다.

콜록~ 콜록~
왜 이렇게 기침이 안 멈추지?
이곳은 먼지가 너무 많구나.

그렇게 철학에 대한 순수한 열정으로
살아가던 스피노자는 먼지가 많은
작업 환경과 쾌적하지 못한 거주 공간
탓에 폐병을 얻었고,
1677년 2월 21일, 마흔여섯이라는
젊은 나이에 세상을 떠났어.

2. 스피노자의 철학이 뭐야?

범신론

스피노자는 인격신은 존재하지 않고, 신이 바로 자연이자 만물이라고 주장했어.

신은 곧 자신을 변화시켜 만물을 구성해 낸다는 거야. 그렇기 때문에
우리가 알고 있는 자연, 만물에는 신이 깃들어 있다는 거지.
스피노자는 이 세계에 존재하는 모든 것을 신의 다른 표현 방식,
즉 '양태'라고 불렀어.

인간으로
표현된
양태

나무로
표현된
양태

사자로
표현된
양태

신

신에 대한 지(知)적 사랑

스피노자는 인간 역시 신의 양태 중 하나이므로 신의 법칙에 따라 움직이게 되어 있다고 주장했어. 모든 일은 우리의 의지와는 상관없이 이미 정해진 운명이라는 거지. 그렇기 때문에 우리에게 일어나는 다양한 일에 감정적으로 동요하지 말고 최대한 이성을 발휘해 신의 법칙을 깨달아야 한다는 거야.

그렇다면 엄마가 아닌 신을 이해하는 방법은 뭘까? 스피노자에 따르면 만물에는 신이 깃들어 있기 때문에 우리가 만물을 이해하려고 노력한다면 신을 이해하는 데도 도움이 된다고 해.

신의 일부인 인간을 탐구하고… (철학)

신의 일부인 자연을 탐구하고(과학), 신이 깃든 만물을 연구하다 보면, 신의 일부분이나마 이해할 수 있겠지.

신

이렇게 스피노자는 만물을 이해할 수 있는 지식을 다음과 같이 분류해.
첫째, 제1종의 지식은 감각으로 얻은 지식이야.

사과네!
둥그스름하고 빨간색이군.

길이는 15cm,
무게는 200g이군.

둘째, 제2종의 지식은 이성으로
얻은 지식, 즉 감각이 아닌 과학적
탐구로 얻은 지식이야.

신의 어떤 특징이
사과라는 양태로
표현된 걸까?

셋째, 제3종의 지식은 '직관지'라 부르는데, 신의 본성으로부터
개별 사물들의 특징을 알아내는 방법이야.

3. 스피노자와 관련해서 유명한 게 또 있어?

우리 모두 잘 알고 있는 스피노자가 남긴 명언이 하나 있지.
(사실 스피노자가 이런 말을 남겼는지 확실한 증거는 없다고 해. 하지만 좋은 말이니까 적어 둘게.)

"내일 지구가 멸망하더라도 나는 오늘 한 그루의 사과나무를 심겠다."

아무리 극한 상황이 닥치더라도 운명으로 받아들이고,
지금 자신이 해야 할 일에 집중하겠다는 뜻이겠지?
과거 스토아학파의 사상과 거의 흡사하다고 볼 수 있을 거야.

사과나무 말고
감나무를 심을 걸 그랬나?

홉스

1588~1679

1. 홉스는 어떤 사람이야?

홉스는 1588년 영국의 조그만 마을에서 태어났어. 홉스의 아버지는 목사였는데 고약한 성격 탓에 교회에서 쫓겨났지. 하지만 다행히도 홉스의 영특함을 알아본 삼촌의 도움으로 홉스는 사립학교에 입학할 수 있었어.

당신, 아까 뭐라고 했어?

이보게, 내가 무슨 말을 했다고 이러나?

홉스야~ 어려운 상황에서 성공하려면 열심히 공부하는 수밖에 없다. 학교에 가서 열심히 공부해야 한다!

네, 삼촌… ㅜㅜ

삼촌의 말씀을 따라 열심히 공부한 홉스는 열다섯 살에 옥스퍼드대학에
입학해 문학과 언어에서 두각을 나타냈어.

그리고 대학을 졸업하자마자 데번셔 백작 가문의 비서 겸
가정교사로 들어갔지.

홉스는 평생 독신으로 지내며 백작의 자녀들과 유럽 각국을 돌고 그들을
교육하면서 더 깊이 자신의 철학을 발전시켰어.
그리고 다양한 철학적 업적을 남겼지.

30년 종교전쟁 동안 왜 우리가
서로를 죽여야 하는가?

전쟁 중에 내가
살아남으려면
널 죽일 수밖에 없어!

혼란한 세상에서 사람들은 살아남기
위해 투쟁하게 되어 있단다.

홉스 선생님, 종교는 윤리적인 것
아닌가요? 저 사람들은 왜
종교 때문에 서로를 죽이는 거죠?

홉스는 40대가 되었을 때 이탈리아에서 갈릴레오 갈릴레이를
직접 만나기도 했어.

2. 홉스의 철학이 뭐야?

만인의 만인에 대한 투쟁

1610년, 귀족 자녀들과 여행하던 중 홉스는 종교전쟁의 끝에 혼란이 최고에 이른 사회를 보며 사람이라면 누구나 살아남으려는 욕구가 있음을 깨달았지. 이를 '자연권'이라고 해.

자연 상태에서 사람들은 '자연권'에 따라 상대를 제압해야만 경쟁에서 살아남을 수 있기 때문에 빈번히 싸움이 일어나고, 누구도 안전하지 못한 '만인의 만인에 대한 투쟁'이 계속된다고 홉스는 말했지.

리바이어던

홉스는 누구도 안전하지 못한 자연 상태에서 사람들은 서로의 안전을 위해 상대를 해치지 않겠다는 계약을 하게 된다고 주장해. 그리고 바로 이것이 사람들 사이에서 자연적으로 만들어진 초초의 '자연법'이라고 말하지.

하지만 홉스는 이런 계약은 강제성이 없어서 지켜지기가 쉽지 않으니 이를 강제로 지키게 하려면 더욱 강력한 수단, 즉 '국가'가 필요하다고 주장했어.

국가의 막강한 권력으로 자연법을 지키게 강제하고, 백성들은 당연히 국가를 따라야 한다고 주장하는 거야. 이러한 홉스의 사상이 담긴 책『리바이어던』은 성경에 나오는 무시무시한 힘을 지닌 괴물의 이름으로, 홉스가 상상하는 국가의 이미지가 잘 반영되어 있다고 볼 수 있지.

이것은『리바이어던』의 표지에
있는 그림이야.
오른쪽의 봉은 종교의 권위,
왼쪽의 칼은 왕의 권력을 의미해.
두 권력을 모두 쥐고 있는
리바이어던의 강력한 힘이 느껴지니?

인물의 몸통에 비늘처럼 보이는 것을
확대해 보면, 놀랍게도 사람들의 모습을
볼 수 있어. 자신의 자연권을 국가에
위임하는 계약, 즉 '사회 계약'을 한
다양한 사람의 모습이지.
이 계약으로 사람들은 폭력의
위협으로부터 안심할 수 있게 되고,
국가는 사람들로부터 위임받은
막강한 힘으로 개개인을 보호하게
된다는 거야. 홉스는 이러한
사람들의 계약이 모여서
국가가 된다고 이야기했단다.

1. 흄은 어떤 사람이야?

1711년, 영국 스코틀랜드 에든버러의 명망 있는 가문에서 태어난 흄은 법학자가 되길 바라는 집안의 기대와는 달리 열여섯 나이에 철학자가 되기로 결심했어.

여보~ 쟤는 왜 또 저러는 거요?

저도 모르겠어요~ 갑자기 철학자가 되겠다고 저러니, 원. 세상 걱정거리 하나 없게 생긴 애가….

흄은 스물네 살이 되던 해에 당대 최고의 철학자인 데카르트의
나라 프랑스로 건너가 4년 동안 『인간 본성론』이라는 책을 썼어.

데카르트의
합리주의를
비판하면
사람들이
관심을 갖겠지?

그래~ 이런 내용의
책이라면 아마
대박이 날 거야~
그리고 나는
베스트셀러 작가가
되겠지?

하지만 흄의 기대와는 달리 책은 '폭망'했어.

아~ 내 책들이
인쇄기에서 나오자마자
죽어 버렸네….

마흔 살에 흄은 에든버러대학 법학부 도서관의 사서가 되었어.
그는 재기를 꿈꾸며 『영국사』라는 역사책을 집필했지.

지난번처럼 호 불호 가 갈리는 내용이
아니라 뭔가 대중적으로 사랑받을
수 있는 내용을 써야 해.
그래야 베스트셀러가 될 거야.
그래! 도서관에 있는 역사책들을 읽고
영국사를 정리해 보자!

이 책은 전작과는 달리
'초대박'을 터뜨렸고,
영국에서 아주 많이 팔린
책 중 하나가 되었어.

18세기 베스트 셀러

영국사

작가: 흄

1

2   3   4

『영국사』로 단번에 스타가 된 흄은 유머러스한 성격 덕분에 다양한 사람과
친분을 유지하며 즐겁게 지냈다고 해. '보이지 않는 손'으로 유명한 경제학자
애덤 스미스 역시 그의 절친 중 하나였다고 하니 말 다 했지?

아이고~ 우리 '보이지 않는 손' 씨가
오셨네~ 내 손은 어디에 있는지
찾아보게~

하하하!
역시 자네를 만나면
유쾌해진다니까.

2. 흄의 철학은 뭐야?

합리주의에 대한 비판

『인간 본성론』에서 흄은 이성을 사용해 지식을 형성한다는 합리주의의 견해를 비판하고, 지식은 경험과 관습이 쌓여 형성된다고 주장했어. 그에 대한 근거로 사람들이 이성적으로 당연시하는 것들과 맹목적으로 믿는 종교를 의심하고 반론을 제기했지.

우리가 알고 있다고 믿는 모든 것이
경험과 습관 그리고 상상력에 기대어 형성되는 거였어!
경험에서 얻은 것을 기록하지 않은 책들은
모조리 다 불살라 버려야 해!!!

인상과 관념

흄에 따르면 인간의 정신은 다양한 경험이 쌓인 지각들로 이루어져 있다고
해. 지각은 인상과 관념으로 구성되는데, 경험을 하며 인상이 생기고 인상을
바탕으로 상상력을 발휘해 관념을 형성한다는 거야.

〈우리의 지각〉

도덕 감성

흄에 따르면 이성보다 감정이 도덕적 행위의 동기가 되는 경우가 더 많은데
나쁜 짓을 하면 불쾌하고 찝찝한 감정이 생겨서 다시는 나쁜 짓을 안 하게
되고, 선한 일을 하면 유쾌한 감정이 생겨서 다음에도 선한 일을 하게 되는
것과 같은 경우지.

이렇게 감정은 무엇이 선이고 무엇이 악인지를 알려 준다는 거야. 그래서 도덕적 행위를 하게 한다는 거지.

그렇다고 해서 내 마음이 유쾌해지는 일이 모두 도덕적이라는 뜻은 아니야. 흄에 따르면 내 마음이 유쾌해서 한 행동이 다른 사람들에게도 공감을 일으켰을 때, 그것이 바로 사회적으로 도덕적인 일이란다.

내 마음은 유쾌하지만
사회적으로 비도덕적인 행동!

내 마음도 유쾌하고
사회적으로도 도덕적인 행동!

칸트
1724~1804

1. 칸트는 어떤 사람이야?

칸트는 1724년 독일의 쾨니히스베르크에서 태어났어. 그리고 죽을 때까지 이 도시를 벗어나지 않았다고 해.

칸트는 평생 자신이 세운 계획 안에서 산 것으로 유명해. 칸트가 산책하는 것을 보고 마을 사람들이 시계를 맞췄을 정도라고 하니 정말 대단하지?

새벽 5시~7시 홍차 두 잔을 마시고 강의 준비

아침 7시~9시 대학 강의

9시~12시 45분 집필 활동

12시 45분~ 3시 30분 점심과 수다

3시 30분 산책

밤 10시까지 독서 후 취침

1770년, 46세에 쾨니히스베르크대학의 교수가 된 칸트는 51세에
『순수이성비판』이라는 책을 펴냈고, 이 책이 성공을 거두면서 유명
해졌어. 이후 『실천이성비판』, 『판단력비판』을 연달아 발표하면
서 '3대 비판서'를 완성하기에 이르렀지.

2. 칸트의 철학은 뭐야?

'이성으로 무엇이든 알 수 있다'는 그 시대의 대세론, 즉 합리론에 맞서는 흄의 경험론 일격은 그야말로 충격적인 사건이었어.

모든 지식은 이성이 아닌 경험에서 비롯된다.

사람마다 경험한 것이 모두 다르기 때문에 절대적인 지식은 존재하지 않는다.

경험하지 않은 지식은 모두 불태워 버려!!

칸트 역시 큰 충격을 받았지.

흄의 이론이 이성이라는 독단의 잠에서 나를 깨우는구나!

지식을 만들려면 이성과 경험 모두 필요해!!!

직관 없는 개념은 공허하고, 개념 없는 직관은 맹목적이다

칸트는 『순수이성비판』이라는 책에서 그동안 대립적이었던
합리주의와 경험주의를 종합했어.

선험적 종합판단

칸트는 『순수이성비판』이라는 책에서 우리의 의식 과정은 선험적 종합판단으로 이루어진다고 주장해. 조금 어렵지? '선험적'이라는 말은 경험에 앞서 선천적으로 대상을 인식한다는 뜻이야. 즉 우리는 타고난 어떤 과정에 따라 지식을 만들어 낼 수 있다는 거지. 그리고 그 과정이 바로 감성과 오성(지성)이야.

(주의사항: 여기서 감성은 이성에 대응되는 인간의 인식 능력을 말해.)

칸트에 따르면 우리가 경험으로 얻은 대상에 대한 정보는 제일 먼저 1차 공정인 감성을 통과해. 감성의 단계에서는 대상을 시간과 공간의 차원에서 인식하는데 이것이 바로 '직관'이야.

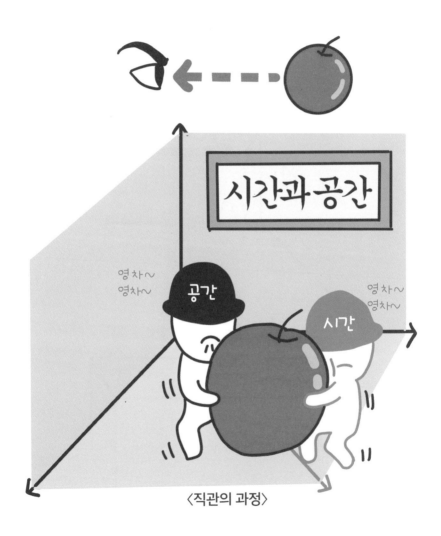

〈직관의 과정〉

이렇게 감성 단계의 시간과 공간을 통과한 정보는 오성(지성)이라는 2차 공정에서 분석, 종합되어 지식으로 만들어진다는 거야. 다시 말해 경험으로 들어온 정보를 인간은 감성과 오성이라는 타고난 기능을 사용해 지식으로 구성한다는 거지.

이렇듯 인간은 선험적 종합판단에 따라 대상을 인식하는 시스템을 가지고 있기 때문에 기존에 우리가 '대상을 인식한다'는 주장에서, '대상을 구성하여 인식한다'로 바뀌게 되는 거지.

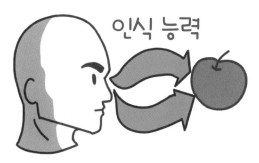

〈과거에 대상을 인식하던 방식〉

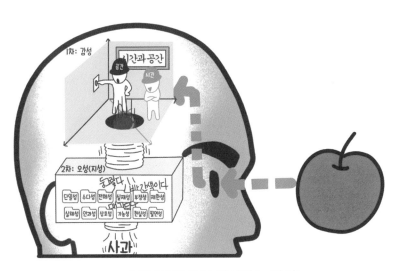

〈칸트가 대상을 인식하는 방식〉

『실천이성비판』

실천이성비판은 도덕적인 삶을 이야기한 책이야. 여기서 '실천이성'이란 우리 마음속에 있는 의무감을 말하지. 칸트에 따르면 이 의무감에 따라 행동을 하면 결과와 상관없이 도덕적인 행동이 되는 거야. 다시 말해 '도덕법칙'이란 아무런 조건 없이 '너는 ~해야만 한다'라는 정언명령을 따르는 거지.

내가 쓰레기를 주우면
선생님께 칭찬받겠지~

〈비도덕적〉

조건(만약 ~하면)에
따라 행동했기 때문

쓰레기는 당연히
주워야지~

〈도덕적〉

조건(만약 ~하면) 없이
의무감으로 행동했기 때문

칸트가 말하는 도덕법칙의 조건은 다음과 같아.

첫째, 남이 정해 놓은 규칙이 아니라 자기가 스스로 정한 규칙일 것!

나는 앞으로 내가 할 일을 성실히 하겠어.

나는 앞으로 거짓말을 하지 않겠어.

나는 앞으로 어려운 친구를 돕겠어.

둘째, 내가 정한 규칙이 세상 모든 사람이 따라도 괜찮은 규칙일 것!

나는 앞으로 쓰레기를 집에 가져가지 않겠어~ 내가 스스로 정한 규칙이니 도덕적이겠지?

아니~ 아니~ 네가 정한 규칙을 세상 모든 사람이 실행한다고 생각해 봐. 쓰레기 천지가 되지 않겠어? 따라서 그건 도덕적 규칙이 아닌 거야!!

셋째, 도덕법칙이 인간 존엄성을 담고 있을 것. 즉 모든 사람을 수단이 아닌 목적으로 대할 것!

아, 잘됐다~
학원 가기 전까지
쟤랑 시간 때워야지~

⟨비도덕적⟩

시간을 때우기 위한 수단으로
친구를 대했기 때문

아, 잘됐다~
내가 좋아하는 친구가
마침 저기 오네~

⟨도덕적⟩

순수한 목적으로 친구를 대했기 때문

스스로 법칙을 세우고 지키며 그 속에서 자유를 만끽하며 살았던 칸트는
81세의 나이로 세상을 떠나면서 이런 말을 남겼다고 해.

좋았어!

칸트의 이 한마디는 자신이 만든 도덕법칙을 죽는 날까지
흐트러짐 없이 지켜온 만족감의 표현이었겠지?

헤겔

1770~1831

1. 헤겔은 어떤 사람이야?

헤겔은 독일 슈투트가르트의 한 유복한 가정에서 맏아들로 태어났어. 헤겔의 부모님은 아들에 대한 기대가 높아서 헤겔이 어렸을 때부터 다양한 교육을 시켰다고 해.

기하학이 뭐냐 하면···

헤겔~
라틴어 공부하자~

헤겔은 어려서부터 꼼꼼하게 일기를 적었고,
분석적으로 책을 읽었다고 해.

당최 무슨 말인지 모르겠군…
일기를 왜 이렇게 어렵게
쓰는 거야?

여보~
얘 일기 좀 봐요~

헤겔의
일기

헤겔은 열여덟 살 되던 해에 튀빙겐대학
신학부에 3등으로 입학했고, 거기서 철학자 셸링,
천재 시인 횔덜린과 절친이 되었어.

뭐야? 그러면
모든 사람이 자유를
얻은 거야?

프랑스에서는
시민혁명이 일어났대!

이야~
프랑스 멋지네~

셸링

횔덜린

헤겔은 신학을 전공했지만 철학을 공부하면서 그 유명한
『정신현상학』을 집필했어. 이 책은 읽기에 너무 어려운 걸로도 유명했지.

2. 헤겔의 철학은 뭐야?

인간의 역사는 절대정신이 본질을 점차 분명하게 드러내는 과정이다

헤겔은 역사가 이성의 힘으로 발전한다고 생각했어. 사람들의 의식이 점차 성장해 절대정신이 되고, 이러한 과정들이 역사를 움직인다고 주장한 거야. 『정신현상학』이라는 책에서 그 과정을 다음과 같이 설명해.

감각 — 지각 — 오성 — 자기의식 — 보편적 자기의식(이성) — 정신 — 절대정신

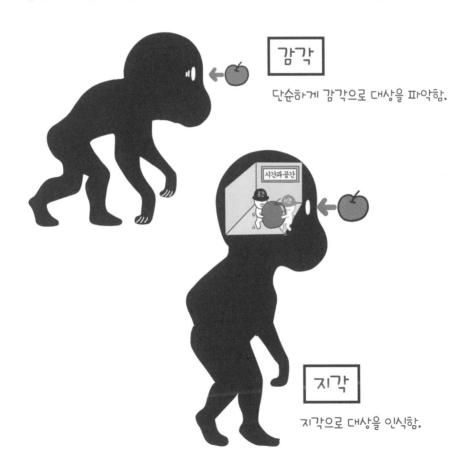

감각

단순하게 감각으로 대상을 파악함.

지각

지각으로 대상을 인식함.

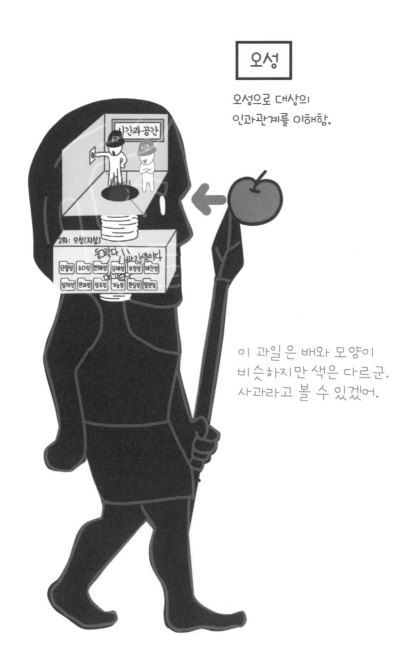

오성

오성으로 대상의
인과관계를 이해함.

이 과일은 배와 모양이
비슷하지만 색은 다르군.
사과라고 볼 수 있겠어.

자기의식

대상이 아닌 자기 자신을
인식하게 되고 남을 의식하게 됨.

나를 의식하게 된 인간은 존재감을
느끼고, 인정받고 싶어 하지.
이때 타인을 의식하게 되고
서로 인정받고 싶은 욕구로
갈등과 다툼이 일어난다는 거야.

인정받고 싶어!
나를 먼저
인정해 줘~

나도 인정받고 싶어!
나를 먼저 인정해 줘!

나 먼저!
나 먼저!
나 먼저!

내가 이겼으니
나를 섬겨라.
노예야~

승

패

네, 주인님~

헤겔에 따르면 이렇게 '인정투쟁'에서 이긴 사람은 주인이 되고,
진 사람은 노예가 된다는 거야. 그런데 시간이 지날수록 주인은
점차 할 수 있는 일이 줄어들고 노예에게 의존하게 되지. 반대로 노예는 노동에서
새로운 결과물을 만들어 내면서 자신감과 자의식이 성장하게 돼.
무엇인가를 변화시킬 수 있는 존재가 된 거지.

자신감을 갖게 된 노예들은 투쟁과 혁명으로 노예 신분에서 해방되어
다수가 사회의 주인으로 재탄생하게 되지.
자기의식과 자유를 가진 새로운 시민이 탄생한 거야.
이것이 바로 보편적 자기의식, 즉 이성이라는 거야.

이성

다수가 자기의식과 자유를
가지게 됨. 이를 보편적
자기의식, 즉 이성이라 함.

이성을 가지게 된 사람들은 인류 전체의 삶을 깨닫고
공동체 의식을 가지게 되지.

| 정신 | 이성을 넘어 개인과 공동체가
조화를 이루는 상태가 됨. |

| 절대정신 | 정신의 발전으로 최종 단계인
신의 뜻에 도달했을 때
이를 절대정신이라고 함. |

변증법

헤겔에 따르면 의식은 변증법에 따라 발전해. 즉 의식은 정립, 반정립,
종합의 과정으로 발전한다는 거야. 여기서 정립은 어떤 것에 대한 개념이고,
반정립은 그에 대한 반대 개념이야.
합은 정립과 반정립의 장점만 수용해서
새로운 개념이 되는 것을 말하지.

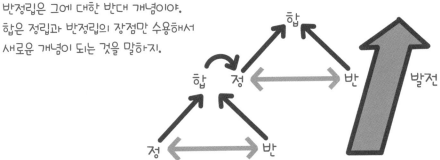

예를 들면, 데카르트의 합리론에 반대해 경험론이 나타났고,
두 개가 대립하다가 칸트가 두 개의 장점만 종합했지.

칸트
(합리론+경험론)

순수
이성
비판

Critik
der
reinen Vernunft

흄
(경험론)

데카르트
(합리론)

양질 전환의 법

그럼 가만히만 있으면 정반합으로 자연스럽게 의식이 발전할까? 헤겔에 따르면 양적으로 꾸준히 쌓여야 질적인 변화가 일어난다고 해.

예를 들어 물을 끓이면 온도가 서서히 올라 100도가 되고 물이 수증기가 되는 것처럼 말이야. 헤겔은 꾸준함과 절박함이 정반합의 과정을 이끌어 낸다고 주장해.

3. 미네르바의 올빼미는 황혼이 깃들 무렵에야 날기 시작한다

미네르바의 올빼미는 인간의 지혜, 철학을 의미해. 황혼이 깃든 후에 올빼미가 난다는 것은 모든 역사적 사건들 이후에 철학이 이루어진다는 뜻이지. 역사적 사건들로부터 시대를 해석하고 그로부터 교훈을 얻어 지혜를 쌓아 가면 우리는 더 멋진 미래를 선택할 수 있을 거야!

벤담

1748~1832

1. 벤담은 어떤 사람이야?

벤담은 1748년 런던의 한 중산층 가정에서 태어났어. 어린 시절 벤담은
허약했고 감수성이 예민했다고 해.

유모가 얘기한 귀신이
저 문 밖에 있을지도 몰라.
아∼ 너무 무서워∼
역시 이불 밖은 위험해∼

친구들이 즐겨 하던 낚시와 사냥도 끔찍이 싫어했다고 해.

어려서부터 영특했던 벤담은 일곱 살 때 프랑스어, 그리스어, 라틴어를 구사할 줄 알았고, 열다섯 살에는 옥스퍼드대학을 졸업했어.

2. 벤담의 철학은 뭐야?

쾌락주의

벤담은 헬레니즘 시대의 철학자 에피쿠로스의 쾌락주의에 영향을 받아
"쾌락이 곧 선이자 행복이고, 고통은 악이자 불행이다"라고 주장했어.
쾌락을 늘리고 고통을 줄이면 그것이 행복이라는 거지.

행복 게이지
쾌락 | 고통

행복 게이지
쾌락 | 고통

고통 | 쾌락

그러니까 쾌락을
최대한 늘려야 해!!

공리주의

'공리'란 말 조금 어렵지? 힘쓸 공(功), 이익 이(利), 즉 이익을 늘리는 데 최선을 다한다는 뜻이야.

벤담은 쾌락주의를 사회 규칙과 연결할 수 있는 방법을 고민했어. 그 답으로 한 사람 한 사람의 쾌락(이익)을 더한 값이 클수록 사회 전체가 행복하고, 그것이 바로 선이며 도덕적인 것이라고 생각했지. 바로 여기서 '최대 다수의 최대 행복'이라는 말이 나오게 된 거야.

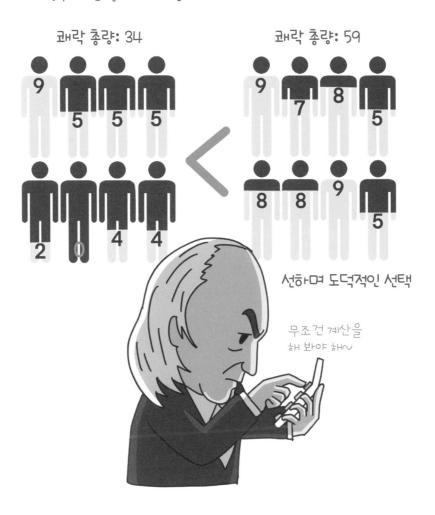

쾌락 총량: 34

쾌락 총량: 59

선하며 도덕적인 선택

무조건 계산을 해 봐야 해~

쾌락의 척도

벤담의 이론에 따르면 쾌락의 양이 많을수록 선하다고 하는데,
그렇다면 그 양은 어떻게 측정할까? 벤담은 그 양을 계산할 수 있도록
다음과 같은 척도를 제시했어.

강도 얼마나 강렬한 쾌락인가?

지속성 얼마나 오래가는 쾌락인가?

확실성 확실한 쾌락인가?

근접성 얼마나 빨리 쾌락을 느낄 수 있는가?

생산성 추가로 쾌락을 발생하는가?

순수성 순수하게 쾌락을 발생하는가?
다른 감정을 발생하지 않는가?

범위성 얼마나 많은 사람에게 쾌락을
발생하는가?

벤담은 이 기준에 따라 끊임없이 쾌락과 고통의 양을 계산해서
이익이 많은 쪽을 선택해야 한다고 주장해.

예를 들어 공부하기와 게임하기를 벤담의 쾌락 계산기로 계산해 보면,

3. 박제가 된 철학자

벤담은 죽을 때까지 공리주의를 실천한 철학자였어.

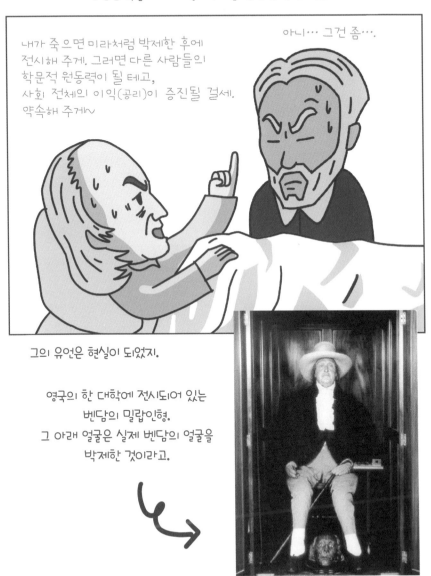

내가 죽으면 미라처럼 박제한 후에
전시해 주게. 그러면 다른 사람들의
학문적 원동력이 될 테고,
사회 전체의 이익(공리)이 증진될 걸세.
약속해 주게~

아니… 그건 좀….

그의 유언은 현실이 되었지.

영국의 한 대학에 전시되어 있는
벤담의 밀랍인형.
그 아래 얼굴은 실제 벤담의 얼굴을
박제한 것이라고.

밀

1806~1873

1. 밀은 어떤 사람이야?

존 스튜어트 밀은 1806년 런던에서 철학자이자 경제학자인 제임스 밀의 아들로 태어났어. 아버지로부터 철저한 조기교육을 받은 밀은 세 살에 그리스어를, 여덟 살에는 라틴어를 깨우쳐 다양한 고전을 읽었다고 해.

현대의 학자들은 밀이 아이큐 180의 영재였을 거라고 추측한다고 해. 이렇게 어마어마한 영재를 키워 낸 아버지의 교육법은 이랬어.

교육으로 모든 것을 할 수 있다.

1. 시간이 걸리더라도 아들이 스스로 이해할 수 있게 한다.
2. 읽은 책의 내용을 아침 산책길에 설명하게 하고 질문한다.
3. 동생들에게 배운 내용을 가르침으로써 다시 한번 정리하는 시간을 갖는다.

제임스밀

2. 밀의 철학은 뭐야?

질적 공리주의

밀이 그토록 따랐던 벤담의 공리주의는 쾌락의 양만을 중요시했어. 다시 말해 어떤 쾌락이든 그 양만 많으면 그것이 선이라고 주장했지. 그래서 벤담의 공리주의를 양적 공리주의라고 불러.

양이 최고야~ 나머지는 신경 쓸 필요가 없어. 양이 많으면 그게 곧 선인 거지!

밀은 이런 벤담의 철학에 근본적으로 동의하지만, 쾌락에는 질적 차이가 있고 질적으로 높은 쾌락일수록 더 가치 있다고 주장해. 이를 질적 공리주의라고 하지.

공부와 게임의 쾌락의 양이 같다 하더라도, 공부가 게임 보다 쾌락의 가치가 더 높다는 말이야!

저기요!!

이러한 밀의 질적 공리주의는 그가 말한 이 문장 하나로 쉽게 이해할 수 있을 거야.

만족한 돼지보다 불만족한 사람이 낫고,

만족한 바보보다 불만족스러운 소크라테스가 더 낫다.

『자유론』

밀은 그의 대표 저서인 『자유론』에서 개인의 자유에 대해 다음과 같이 이야기해.

개인의 자유는 다른 사람에게 피해를 주지 않는 한
보장되어야 한다.

모든 인류 가운데 단 한 사람이
다른 생각을 가지고 있다고 해서 그 사람에게
침묵을 강요하는 것은 옳지 못하다.

모든 사람이 충분히 교육받아
도덕성과 교양을 갖췄을 때
비로소 자유는 가치가 있다.

밀이 추구하는 사회는 누구나 자유를 누리고 자기 개성을 마음껏 발휘하는 사회였어.
밀은 다수가 소수의 개성을 뭉개는 전체주의적 사회 문화를 경계했단다.

chapter 5
현대의 철학
이성의 한계, 개인의 탄생

실존주의

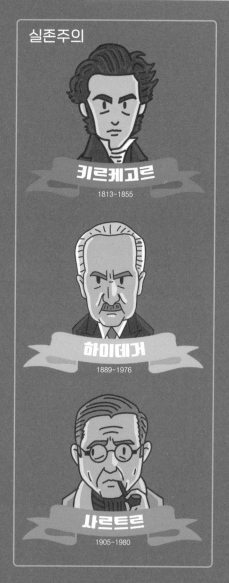

키르케고르
1813~1855

하이데거
1889~1976

사르트르
1905~1980

실용주의

듀이
1859~1952

현대 철학은 독일 관념론으로 완성된 이성 중심의 철학이 무너지면서 시작되었어.
중세 시대 억눌렸던 이성이 근대에 이르러 자유를 얻으면서 사람들은 이성의 발전이 기술과 과학의 발전으로 이어져 사회가 진보한다고 굳게 믿었지. 하지만 예상과 달리 이성에 대한 믿음은 해피엔딩이 아니었어. 자연은 심하게 파괴되었고, 사람들은 쉴 새 없이 일해야 했지. 그리고 인간 이성의 결집체였던 과학 발전의 끝은 제1차, 제2차 세계대전에서 살상의 도구로 악용되었어.

이러한 보편적 이성과 인간 중심으로 흘러온 철학에 반기를 들며 인간의 개별성과 주체성을 강조하는 실존주의 철학과 고정불변의 진리는 존재하지 않는다는 실용주의 철학이 등장했어.
실존주의 철학자 키르케고르, 하이데거, 사르트르 그리고 실용주의 철학자 듀이에 대해 함께 알아보자.

키르케고르

1813~1855

1. 키르케고르는 어떤 사람이야?

키르케고르는 1813년 덴마크 코펜하겐에서 7남매 중 막내로 태어났어.
키르케고르 철학의 바탕이 된 두려움, 절망은 아버지의 영향이 크다고 해.

어릴 적에 너무 힘든 일이
있어서 신을 저주했었어.
그것 때문에 내가
신의 저주를
받게 되면 어쩌지??

키르케고르의
아버지

아버지는 왜 늘 저렇게 두려워하시는 걸까?
왜 항상 우리 가족에게 저주가 내릴 거라고 걱정하는 거지?
정말 그렇게 되는 게 아닐까? 너무 무서워….

오, 주님! 제가 교회의 법을 어기고
재혼을 했습니다. 제발 용서해 주세요.
제발, 우리 가족에게 내린 저주를
거두어 주세요!

키르케고르의 아버지는 자신이 지은 죄로 집안이 불행해질 거라는 두려움을
평생 안고 살았다고 해. 아마도 '죽음에 이르는 병', 즉 두려움,
절망 등이 고스란히 아들인 키르케고르에게 전달되지 않았을까?

2. 키르케고르의 철학은 뭐야?

실존주의

기존의 철학이 본질, 이성 등을 대상으로 했다면, 키르케고르는 철학의 대상을 지금 현재의 자기 자신으로 삼아야 한다고 주장했지. 이러한 철학을 실존주의 라고 해.

누구냐, 넌?

인간 삶의 3단계

키르케고르는 그의 책 『이것이냐 저것이냐』에서 인간의 삶은 세 단계로 발전한다고 말했어.

첫째, 미적 단계. 이 단계에서 인간은 감각적 쾌락만 좇으며 살지.

둘째, 윤리적 단계. 첫 번째 단계에서 깨달음을 얻은 인간은
두 번째 단계에서 윤리에 따라 생활하게 되지.

셋째, 종교적 단계. 결국 인간 스스로 신을 믿겠다고 판단하고
섬기기 시작할 때, 비로소 두려움과 절망에서
벗어난 삶을 살 수 있다는 거야.

이렇게 키르케고르는 신을 믿는 실존주의자, 즉 유신론적 실존주의자였어.

신 앞에 선 단독자

키르케고르는 인간 삶의 3단계에서 각각의 단계로 넘어가려면 스스로의 힘으로
깨닫고, 판단하고, 행동해야 한다고 이야기해. 누구와도 연결되지 않은 개별적
이고 주체적인 나로서 신 앞에 당당히 마주하는 것처럼 말이야.

1. 하이데거는 어떤 사람이야?

1889년, 하이데거는 성당지기인 아버지와 농부의 딸인 어머니 사이에서 태어났어. 어린 시절 집안이 넉넉지 못했던 탓에 하이데거는 학업을 중단할 위기에 처하기도 했지.

학비를 낼 돈이 없어 큰일이군….

학교 다녀오겠습니다!

하지만 다행히 하이데거의 총명함을 알아본 메스키르히 성당 신부님의
주선으로 하이데거는 장학금을 받으며 학업을 이어 갈 수 있게 되었어.

하이데거야~
장학금을 줄 테니
신학을 공부해
신부가 되거라~

네!?
감… 감사합니다.

하이데거는 열심히 신학 공부에 매달렸지만,
고질적인 심장병 때문에 신부가 되지는 못했어.

윽! 심장이 너무 아파….
신부님과 한 약속을 지키지
못하면 어쩌지?

1911년 하이데거는 고향으로 돌아와 요양을 하면서 철학자의 길로 들어서게 되었어. 1919년에는 철학자 후설의 조교가 되었고, 같은 해 시간강사로 대학에서 강의를 시작하게 되었지.

1923년 하이데거는 대학의 부교수로 임명되었어.
그리고 38세가 되던 1927년,
『존재와 시간』이라는 책을 집필하면서
지금의 하이데거가 존재하게 되었지.

2. 하이데거의 철학은 뭐야?

현존재

하이데거는 세상의 다양한 존재자 중 인간을 현존재로 명명하고, 다른 것과 구분했어. 여기서 현존재란 자신의 존재 이유에 대해 의문을 품을 줄 아는 존재라는 뜻이야.

세계-내-존재

현존재인 인간은 세계 안에 존재해. 인간은 세계 안에 있는 다양한 존재자들(사물, 자연 등), 그리고 현존재(인간)와 관계를 맺으며 살아가지. 이렇게 관계 맺는 방식을 하이데거는 '조르게(sorge)', 즉 '마음씀', '심려' 혹은 '배려'라고 했어.

내가 신경 써서 기른 상추를 열심히 공부하는 제자에게 가져다줘야겠어.

sorge sorge

아! 너무 갖고 싶어!

Just Do it

하이데거에 따르면 인간은 이러한 '관계 맺는 방식'으로 물건에 지나치게 집착하거나,

타인에 대한 배려가 지나쳐 눈치를 보며 자기 자신으로 살아가지 못하게 된다고 해. 그저 그런 사람(das man)으로 전락해 버리는 퇴락의 삶을 살게 된다는 거지.

존재와 시간

하이데거에 따르면 이러한 퇴락의 삶에서 벗어날 수 있는 방법은 바로 '불안'이야. 인간은 시간이라는 배경 안에 존재하기 때문에 그 끝이 죽음이라는 것을 알게 되고, 그로써 근본 기분, 즉 불안을 느끼게 되지.

이러한 불안으로 인간은 현재의 나다운 삶의
가치를 생각하게 된다는 거야.

만약에 자네가 곧 죽는다고
가정한다면,
어떻게 살 건가?

글쎄요. 남의 눈치 보지 않고
나다운 삶을 살지 않을까요?

바로 그걸세!

같은 맥락에서, 스티브 잡스는 이런 말을 했지.

여러분의 시간은 한정되어 있습니다.
다른 사람의 삶을 사느라 시간을
낭비하지 마십시오.
타인의 견해가 여러분 내면의 목소리를
삼키지 못하게 하세요.

하이데거에 따르면 불안은 낯선 경험이고 사람들은 이러한 불편한 상황을
피하기 위해 익숙하고 편안했던 과거로 돌아가려 한다고 해.

죽음을 생각해 보라고? 답답하고 무서운데···.
다른 사람들과의 관계를 생각하지 말고
오로지 나답게 살라고? 그러다 왕따되라고?
아~ 몰라~ 그냥 살던 대로 살래~

다시 말해 그저 그런 사람
(das man)들 속에 숨어서
평균에 나를 맞추려고
부단히 애를 쓰는 비본래적
삶을 선택하게 된다는 거야.

하이데거에 따르면 이러한 비본래적 삶은 '나'를 잃게 하고 공허함을 불러일으키지. 그래서 다시 사물과 인간관계에 집착하며 공허함을 달래는 악순환이 반복된다는 거야.

월급 타면 꼭 사야지!

나만 믿어, 내가 책임질게.

네~ 형님!

Just Do it

불안의 극복

이러한 불안에서 벗어나는 방법은 뭘까? 하이데거는 불안을 있는 그대로 받아들이고 인정하라고 말해. 불안을 받아들이는 순간, 다시 말해 죽음을 직시하고 우리가 유한한 존재임을 인식하는 순간, 비로소 나다운 선택을 할 수 있고 주체적이며 경이로운 삶을 살아갈 수 있다는 거야.

1. 사르트르는 어떤 사람이야?

사르트르는 1905년 프랑스 파리에서 태어났어. 두 살 때 아버지가 돌아가신 뒤 어머니와 함께 외할아버지 댁에서 살게 되었지. 외할아버지는 슈바이처 박사의 큰아버지였어. 사르트르는 책을 좋아했던 외할아버지 밑에서 많은 책을 읽으며 자유롭게 지냈어.

역시 외할아버지 서재에는 재미있는 책들이 많아!

하지만 어머니가 재혼한 뒤 사르트르는 눈에 이상이 생기는 등 불안한 일들을 겪기 시작했어. 그러면서 사르트르는 생각이 깊어졌고, 일곱 살이 되던 해에는 세상에 믿을 사람은 자기 자신밖에 없음을 깨달았다고 해. 어린 나이에 이미 실존주의 철학을 몸소 경험한 것이나 다름 없었던 거야.

눈이 점점 이상해지고 있어. 보기에 너무 추하잖아.
이제 어떤 노력을 해도 사랑받지 못할 거야.
이제 믿을 수 있는 건 나 자신밖에 없어!

2. 사르트르의 철학은 뭐야?

실존은 본질에 앞선다

본질이란 어떤 것이 존재하는 목적, 이유를 말해. 사르트르에 따르면
모든 사물은 목적을 가지고 만들어졌지.

본질

실존
연필은 글을 쓰는 목적으로
만들어졌고

본질

실존
우산은 비를 피할
목적으로 만들어졌지.

하지만 사르트르에 따르면 인간은 목적을 가지고 태어난 것이 아니라 그냥 우연히 세
상에 내던져졌다는 거야. 이렇게 인간은 정해진 것이 없기 때문에 스스로 선택하고
책임을 지며 삶을 만들어 가는 존재라는 거지.

실존
우연히
태어난 아기
사르트르

본질
철학자이자
작가 사르트르

무신론적 실존주의

앞서 언급했듯이 인간이 만든 모든 사물에는 목적이 있어. 만약 신이 인간을 만들었다면 인간에게도 존재의 목적이 있겠지? 그렇다면 본질(목적)이 실존에 앞서는 거잖아? 그래서 사르트르는 신의 존재를 부정하는 무신론적 실존주의 철학을 펼쳤어.

인간에게 자유형이 선고되었다

인간은 자신의 삶을 스스로 선택할 수 있는 자유를 가지고 있지만 이로 인해 불안에 휩싸이기도 해. 그래서 사람들은 때때로 자유가 주는 불안에서 벗어나려고 자유가 없는 것처럼 행동하기도 하지. 사르트르는 이것을 '자기기만'이라며 거세게 비난해.

자네, 점심 뭐 먹을 건가?

제가 선택 장애가 있어서…. 선생님 드시는 걸로 똑같이 먹겠습니다~

이 사람아! 소중한 자유를 가진 사람이 자유가 주는 고통을 이겨 내지 못하고 포기하는 건가? 자기기만이야!! 어떻게 그럴 수가 있나?

이게… 그렇게까지 화내실 일인지…??

인간은 '기투'하는 존재다

인생은 B(Birth)와 D(Death) 사이의 C(Choice)라는 말 들어 봤지?
자기 삶에 주체성을 가지고 미래를 향해 나아가며 끊임없이 선택하는 존
재가 바로 인간이라는 뜻이야. 다시 말해 미래를 향해 자신을 내던지는
존재라는 거지.

앙가주망(정치, 사회 문제에 적극 참여하는 행위)

사르트르는 제2차 세계대전 당시 독일군의 포로로 붙잡힌 적이 있었어. 이때의 경험으로 '자유'란 사회적 환경에 따라 그 범위가 결정된다는 것을 뼈저리게 느끼게 되었지.

그때부터 사르트르는 인간의 자유를 억압하는 모든 것에 저항하기 위해 적극적인 사회 참여가 필요하다고 주장해.

3. 앙가주망의 실천

실제로 사르트르는 그의 삶에서 앙가주망을 실천하며 살았어. 알제리
전쟁, 베트남 전쟁 등에 참전을 반대하는 반전운동을 펼쳤고, 프랑스 68
혁명에도 적극적으로 참여했지. 사르트르는 자신이 주장한 철학을 행동
으로 옮긴 실천하는 지성인이었단다.

듀이
1859~1952

1. 듀이는 어떤 사람이야?

듀이는 1859년 미국 동북부 버몬트주의 작은 도시 벌링턴에서 태어났어. 부유하지 않은 가정환경 탓에 어린 시절부터 여러 가지 일을 해야 했던 듀이는 일찍이 경험을 통한 배움의 가치를 알게 되었지.

1875년 15세의 나이로 대학에 입학한 듀이는 철학에 관심을 갖기 시작했어.
그러나 가정 형편이 넉넉지 않아 졸업과 동시에
펜실베이니아에서 교사 생활을 하게 되었지.

3년간 교직 생활을 한 후 다시 존스홉킨스대학에서 철학을 공부했고,
1894년에는 시카고대학의 학장으로 취임했어.

듀이는 대학 내에 실험학교를 세우고 학생들이 경험을 하며 성장할 수 있도록
교육 실험을 진행하며 자신도 죽는 날까지 배우는 자세를 잃지 않았다고 해.

2. 듀이의 철학은 뭐야?

도구주의

듀이는 일상생활에서 도움을 주는 지식만이 가치가 있다고 주장해. 지식을 일상생활
에 도움이 되는 도구로 여기기 때문에 이를 '도구주의'라고 하지.

내가 개발한
쾨락 계산기를 한번
써 보는 게 어때?

그게 지금
도움이 됩니까?
저는 실생활에
도움이 되는
지식만
취급합니다.

듀이에 따르면 지식은 경험을 바탕으로 획득하는 것이므로 무엇보다 경험이 중요하지. 듀이는 지식 획득의 과정을 다음과 같이 설명해.

성장과 진보의 윤리

듀이는 이러한 도구주의 사상으로 윤리 문제에도 접근해 윤리 역시 사회 전체를 발전시키는 도구로 생각했어. 또한 듀이는 도덕이나 윤리는 고정 불변하는 것이 아니라 성장하고 진보하는 것이라고 얘기했지. 다시 말해 도덕의 목적은 성장과 진보라는 거야.

지금까지 아무리
선했던 사람이라도
현재 타락하기
시작했다면 악한 사람

과거   현재

지금까지 아무리
도덕적으로 무가치했어도
현재 선해지기
시작했다면 선한 사람

과거   현재

실험학교

듀이는 교육적 실험을 하려고 실험학교를 만들었어. 이 학교에서는 일방적인 지식 교육이 아닌 아동 중심의 경험을 강조하는 교육을 실험했지. 듀이는 학생들이 다양한 경험을 하며 스스로 깨닫는 교육이 무엇보다 효과적이라는 걸 알았던 거야.

참고문헌

1. 서용순, 『청소년을 위한 서양철학사』, 두리미디어, 2006.

2. 심옥숙, 『서울대 선정 인문고전 50선 하이데거 존재와 시간』, 김영사, 2008.

3. 강성률, 『한 권으로 읽는 서양철학사 산책』, 평단, 2009.

4. 강성률, 『위대한 철학자들은 철학적으로 살았을까?』, 평단, 2011.

5. 윌 버킹엄, 『철학의 책』, 지식갤러리, 2011.

6. 강성률, 『서양철학사를 보다』, 리베르스쿨, 2014.

7. 희망철학연구소, 『세상을 바꾼 철학자들』, 동녘, 2015.

8. 오가와 히토시, 『곁에 두고 읽는 서양 철학사』, 다산초당, 2015.

9. 군나르 시르베크·닐스 길리에, 『서양철학사』, 이학사, 2016.

10. 미야자키 마사카츠, 『하룻밤에 읽는 세계사』, RHK, 2017.

11. 안광복, 『처음 읽는 서양 철학사』, 어크로스, 2017.

12. 박해용·심옥숙, 『청소년을 위한 친절한 서양 철학사』, 문예춘추사, 2017.

13. 백종현, 『칸트와 헤겔의 철학』, 아카넷, 2017.

14. 존 스튜어트 밀, 『자유론』, 책세상, 2018.

15. 안상헌, 『미치게 친절한 철학』, 행성B, 2019.

16. 에른스트 H. 곰브리치, 『곰브리치 세계사』, 비룡소, 2019.

17. 양해림, 『현대인을 위한 서양철학사』, 집문당, 2020.

18. 김필영, 『5분 뚝딱 철학』, 스마트북스, 2020.

그래픽 노블로 읽는
**서양 철학
이야기**

지은이 인동교
발행처 시간과공간사
발행인 최훈일
책임편집 함소연
디자인 이명애

신고번호 제2015-000085호
신고연월일 2009년 11월 27일

초판 1쇄 인쇄 2023년 2월 3일
초판 1쇄 발행 2023년 2월 10일

우편번호 10594
주소 경기도 고양시 덕양구 통일로 140(동산동 376) 삼송테크노밸리 A동 351호
전화번호 (02) 325-8144(代)
팩스번호 (02) 325-8143
이메일 pyongdan@daum.net

ISBN 979-11-90818-19-3 44080
      979-11-90818-18-6(세트)
ⓒ 인동교, 2023